국가무형문화재 제76호 UNESCO 인류 무형문화유산

전통무예 택견

택견의 이해와 수련

혼자 익히기 편

Korean Important Intangible Cultural Asset #76 UNESCO Intangible Cultural Heritage of Humanity

Traditional Martial Art TAEKGYEON

The Comprehension and Training of Taekgyeon

Theory and Practice of Solo Training

일러두기 : 혼자 익히기 편

택견의 기본적인 수련체계는 기본 기술을 홀로 수련하는 '혼자 익히기'와 상대방과 서로 기술을 연습하는 '마주 메기기' 그리고 상대와 실질적인 대련을 통해 기술의 완성도를 더하는 '견주기'의 세 단계로 구성된다.
그러나 본 '택견의 이해와 수련'을 집필함에 있어서 본때뵈기의 내용이 상당히 많고 견주기의 분량이 상대적으로 적음을 감안하여 본 '택견의 이해와 수련'은 위 세 단계의 수련체계를 기초로 '혼자 익히기', '마주 메기기', '견주기 및 본때뵈기'의 총 세 부분으로 구성하였다.
이 '혼자 익히기' 편은 '혼자 익히기'의 세부 수련체계에 따라 처음 익히기, 서서 익히기(들이치기, 걸어지기), 나아가며 익히기(걸음걸이, 발질, 손질, 활갯짓), 맨나중 익히기의 순서로 구성하였다.
또한 택견의 올바른 수련을 위해 필요한 마음가짐 및 이론적 배경을 택견 수련의 시작단계에서 배울 수 있도록 택견의 철학적 기초를 맨 첫 장 'Ⅰ. 택견 입문 : 이론적 바탕'에 기술하였으며, 주요내용은 택견의 가르침, 택견인의 길, 택견의 품계, 택견의 구성요소 및 수련단계이다.

Notice : Solo Training

The basic training methods of Taekgyeon [tæːk-gj ːn] consist of three important parts; solo training that you execute the basic techniques by yourself (Hone-jah Ik-hee-kee), partner training (Mah-joo Me-kee-kee), and actual sparring to perfect all that you learned (Kyeon-joo-kee).
The previous textbook featured a lot of Bohn-dae-bae-kee (Korean kata) and relatively little Kyeon-joo-kee. Therefore this book, The Comprehension and Training of Taekgyeon, is written in three parts in respect to those three training methods.
Solo training (Hone-jah Ik-hee-kee) has its own system. It consists of learning the elementary movements (Chuh-eum Ik-hee-kee), stance training (Suh-suh Ik-hee-kee) ((further divided into Duh-ruh-cha-kee and Guh-ruh-jee-kee)), basic movements (Nah-ah-gah-myuh Ik-hee-kee) ((divided into Guh-ruhm-guh-ree. Bahl-jil, Sohn-jil, and Hwahl-get-jit) and finishing (Maen-nah-joong Ik-hee-kee).
The basic philosophy and theory of Taekgyeon is also simply written in the first chapter "Introduction to Taekgyeon" so you can develop the proper mindset from the very beginning. The main contents will consist of Taekgyeon Teachings, The Way of the Taekgyeon Practitioner, Taekgyeon Grading System, and Basic Elements of Taekgyeon and Curriculum.

택견의 이해와 수련
The Comprehension and Training of Taekgyeon

저자 신종근 · 양재식
영문 번역 Guy Edward Larke
감수 정경화(택견인간문화재)
사진 한승길
사진 모델 신종근
저술지원 사단법인 택견보존회

Writer Shin, Joung-Kun / Yang, Jae-Sik
English Translator Guy Edward Larke
Supervisor Jung, Kyung-Hwa(Human Treasure)
Photographer Han, Seung-Gil
Model Shin, Joung-Kun
Supporter Taekgyeon Preservation Society

1판 1쇄 2017년 11월 1일
1판 2쇄 2019년 9월 30일
발행인 오덕성
펴낸곳 충남대학교출판문화원 주소 대전광역시 유성구 대학로 99
전화 042-821-6045 홈페이지 http://www.cnupress.co.kr E-mail cnupress@cnu.ac.kr

ISBN 978-89-7599-644-3 03690
정가 22,000원

국가무형문화재 제76호 UNESCO 인류 무형문화유산 **전통무예 택견**
Korean Important Intangible Cultural Asset #76 UNESCO Intangible Cultural Heritage of Humanity **Traditional Martial Art TAEKGYEON**

택견의 이해와 수련

혼자 익히기 편

The Comprehension and Training of Taekgyeon

Theory and Practice of Solo Training

신종근 · 양재식

충남대학교출판문화원

머리말

머리말을 쓰려다 얼핏 생각해보니 필자가 초대 인간문화재 故 신한승 선생께 처음 택견을 배우기 시작한 것이 1985년이다. 따져보니 벌써 30년이 넘었다. 30년이 되도록 택견 관련 책을 한권도 내지 않았으니 부정할 수 없이 내 자신이 게을렀다는 생각은 져버릴 수 없지만 한편으로는 한 분야에 30년은 묵어야 그 분야에 대해 논할 수가 있는 것이 아닌가 하고 스스로 위안을 삼아본다.

필자의 삶이라고 할 수 있는 택견은 한국에서 유일한 무예분야 국가무형문화재이며 전 세계에서 무예분야 최초로 유네스코 인류무형유산 대표목록에 등재된 훌륭한 문화유산으로 문화재보호법에서 정의한 것처럼 택견은 상당한 학술적, 예술적, 역사적인 가치를 가지고 있는 전통무예이다.

그럼에도 불구하고 현재까지 택견 관련된 문헌과 논문은 그리 많지 않은 실정이다. 먼저 국가무형문화재 제76호 택견의 지침서는 1991년 초대 인간문화재 故 신한승 선생의 동문이신 한국외국어대학교 오장환 교수께서 집필하고, 송암 신한승 선생께서 직접 동작을 시연하여 작업한 「택견전수교본」을 시작으로 2002년에 2대 인간문화재이신 운암 정경화 선생이 집필한 「택견원론」으로 이어진다. 그 후 2007년에 문화재청의 중요무형문화재 기록화 사업의 일환으로 「중요무형문화재 제76호 택견」이 조성균교수와 이재필연구관에 의해 발간되었으며, 이후 진행이 되지 않았다.

물론, 택견 관련한 논문은 필자를 포함하여 다수의 연구자들에 의해 여러 편 나왔지만, 택견 관련 책은 10년이 되도록 발간되지 않고 있는 실정이다.

이 책을 쓰게 된 가장 큰 이유는 1999년으로 기억하고 있는데, 덴마크 코펜하겐에서 택견을 전수하기 위해 방문하여 태권도 여름캠프에서 많은 태권도인들을 가르치게 되었다. 남녀노소 다양하게 참여한 캠프에서 아마도 10세정도 되는 금발의 파란 눈이 예쁘게 빛났던 남자아이였는데 영문으로 된 태권도 교본을 들고 다니면서 그 캠프에 참석한 원로 무술사범님들에게 사인을 받고 있었다.

잠시 후에 나에게 오더니 사인을 부탁하는 것이었다. 아마도 택견이라는 생소한 분야에서

온 사범이니 사인을 받고 싶었던 모양이다. 그런데 사인을 다 받은 후에 영어로 질문을 하는데 영어 실력이 부족하지만 정확히 들은 내용은 택견 교재는 영문으로 발간된 것은 없느냐는 질문이었다. 그 질문 이후 하루 속히 영문교재를 만들자고 마음속으로 수 백 번은 다짐한 것이 이제야 발간되게 되었다.

이제서라도 발간할 수 있었던 것이 사단법인 택견보존회가 설립되고 자체사업으로 영문교재 발간사업을 채택한 것이 우선 크게 작용했지만, 개인적으로 박사논문을 마치고 나니 마음에 여유가 생겨서 교재 작업에 임하기도 부담이 덜했고 시작하고 나니 글도 잘 나가는 것 같아 즐거운 마음으로 교재작업에 임할 수 있었다.

하지만 시작은 지금까지 나온 교재들을 바탕으로 간단하게 번역본 출간 정도로만 생각하고 시작하였는데 진행하다보니 생각지 않게 여러 가지 어려움이 많았고 다시금 나에 대한 택견의 지식과 기술체계를 정리하는 계기가 되어 오히려 이 책을 보고 택견을 배울 사람들 보다 필자가 더 많은 것을 배웠다는 생각이 든다.

이 책은 1983년 문예진흥원에서 제작한 '택견 중요무형문화재 제76호'의 기술시연 영상과 1984년 국립영화제작소에서 제작한 '택견' 영상의 기술시연 모습을 참고하였으며, 오장환교수의 「택견전수교본」과 택견인간문화재 정경화 선생의 「택견원론」을 토대로 집필하였다.

이 책은 Ⅰ장과 Ⅱ장으로 구분되는데, Ⅰ장에서는 택견의 이론적 바탕을 다룬 장으로 택견의 가르침, 택견인의 길, 택견의 품계, 택견의 구성요소 및 수련단계에 대하여 설명하였으며, Ⅱ장에서는 처음 익히기, 서서 익히기, 나아가며 익히기, 맨 나중 익히기를 각 동작 당 6장 안팎의 시연사진을 통해 세심하게 동작을 익힐 수 있도록 하여 초보자도 책을 보고 동작을 익힐 수 있도록 신경 썼으며, 시노사는 지도교재로 손색없도록 집필하였다. 뿐만 아니라 이후 마주메기기 편과 본때뵈기, 겯주기 편도 이어서 출간할 계획이다.

특히, 택견의 세계화를 위해 한 면은 국문으로 집필하고 다른 한 면은 영문을 함께 수록하여 외국인도 손쉽게 택견을 익힐 수 있도록 하였으며, 국내인은 택견의 영문표기 및 영문설명에 도움이 될 수 있도록 하였다.

아무쪼록 초대 인간문화재 故 신한승선생의 노고에 의해 완전 하리 만큼 전승된 택견이 한국의 국가무형문화재에서 세계의 무형유산으로 발돋움하여 이제는 세계화를 앞두고 있는 시점에 미력이나마 이 책을 통해 많은 외국인들에게 올바르게 택견이 전승 보급되기를 고대하는 마음으로 발간하게 되었다.

끝으로 이 책이 나오기까지 도와주신 분들께 이 지면을 통해 심심한 감사의 인사를 올린다. 우선 책의 이론과 실기의 세심한 부분까지 감수해 주신 택견인간문화재 정경화 선생님께 깊이 감사드리며, 책의 집필 과정에 물심양면의 지원을 전해주신 사단법인 택견보존회 김안수 회장님을 비롯한 전국의 모든 택견 전승자 및 회원들에게 고마운 마음을 전한다.

또한, 사진 촬영부터 편집까지 어려운 작업을 마다하지 않고 해준 한승길 국가이수자님께 감사드리며, 무엇보다도 영문번역을 해준 무예 저널리스트 가이 라크에게도 이 지면을 통해 감사의 마음을 전한다.

2107. 10.

저자 신종근 올림

1995년 봄, 갓 입학한 충남대학교의 넓은 잔디밭에서 처음 마주하게 된 택견은 어느 샌가 나의 꿈이자 직업이 되어있었다. 국가무형문화재 택견의 이수자가 되고 택견을 계기로 시작한 뒤늦은 박사과정을 마무리 한 어느 날, 택견을 쉽게 설명하고 다른 이들에게 전달할 수 있는 책을 함께 써보자는 선배의 제안은 택견을 처음 마주한 그날처럼 매우 신선하게 다가왔다.

1995년의 봄날처럼 가벼운 마음으로 시작한 이 책의 집필 작업은 그리 쉽지 않았다. 마치, 지금까지 택견을 배우며 이런 저런 노력을 통해 내 스스로의 실력을 키우고자 움직여왔던 20년 넘는 수련의 시간이 모조리 압축되어 닥쳐오는 것과 같은 어려움과 압박감. 이는 어렴풋이 알고 있는 것을 다른 사람에게 전달하는 것이, 특히 글을 통해 전혀 모르는 누군가에게 얼굴도 마주치지 않고 전달하는 것이 얼마나 어렵고 힘든 일인지를 깨닫게 해주었다. 그러나 그런 어려움은 함께 글을 쓴 신종근 선배님과 택견인간문화재 정경화 선생님, 우리 택견보존회 식구들을 비롯한 주변 지인들의 도움으로 극복 될 수 있었다.

주위 분들의 도움과 지지에도 불구하고 미력한 능력으로 말미암아 예정보다 긴 시간을 거쳐 이제야 택견의 일부분을 하나의 책으로 선보일 수 있게 되었다. 그리고 이 책을 시작으로 택견의 나머지 부분에 대한 집필 작업에 박차를 가하고자 한다. 이렇게 나온 그리고 앞으로 나올 책들이 누군가에게 택견을 알리고 택견을 사랑할 수 있는 마음을 심어주길 간절히 바랄 뿐이다.

이 책을 마무리 할 수 있도록 많은 도움과 지원을 아끼지 않으신 택견 인간문화재 정경화 선생님을 비롯한 사단법인 택견보존회 식구들에게 감사의 인사를 전하고 싶다. 책을 쓰고자 시작할 용기와 지식을 전해주신 은사님들께도 깊은 감사의 말씀을 전하고 싶다. 끝으로 이 책이 출판되어 세상에 전해질 수 있도록 도와주신 모교 충남대학교의 출판문화원과 책 쓴다고 까칠했던 나를 지켜봐준 가족들에게도 깊은 감사를 전하고 싶다.

2017. 10.

저자 양재식 올림

목차

택견의 이해와 수련

Index
The Comprehension and Training of Taekgyeon

Chapter 01

택견 입문 : 이론적 바탕
Introduction to Taekgyeon

1. 택견의 가르침
Taekgyeon Teachings

2. 택견인의 길
The Way of the Taekgyeon Practitioner

3. 택견의 품계
Taekgyeon Grading System

4. 택견의 구성요소 및 수련단계
Basic Elements of Taekgyeon and Curriculum

Ⅰ. 택견 입문 : 이론적 바탕

택견은 품밟기와 활갯짓 및 발질로 대표되는 유연한 동작으로 상대방을 제압하고 자기를 방어하는 우리나라 전통무술이다. 외유내강의 무예로 표현되는 택견은 고구려 고분벽화에 택견을 하는 모습이 그려져 있는 것으로 보아 삼국시대에 이미 행하였음을 알 수 있다. 고려시대에는 무관들의 승진 기준이 될 만큼 성행하여 무인들 사이에서 널리 퍼지고 기술이 발전하였으며, 조선시대에는 대중화된 경기로서 무인 뿐 아니라 일반인들도 널리 행하게 되었다. 현재 택견은 대한민국의 국가무형문화재 제76호로 지정되어있으며, 동시에 UNESCO 인류무형유산으로도 등재되어 있다.

택견의 특징은 첫째, 손발과 근육의 움직임이 곡선을 주로 그려 동작이 유연하고 자연스럽게 공수를 주고받을 수 있는 전통무술이다. 둘째, 음악적이며 무용적인 리듬을 지니고 있는 예술성 짙은 무예이다. 셋째, 여타 무술에 비해 공격보다는 수비에 치중하는 배려와 상생의 무예이다.

택견은 동작이 유연하고 자연스러워서 신체단련을 위한 보건체조나 생활스포츠로도 다각적으로 활용할 수 있으며, 그 예술성 짙은 리듬과 동작으로 인해 문화 콘텐츠로서의 활용 가능성도 매우 크다는 장점을 지니고 있다.

Ⅰ. Introduction to Taekgyeon

Taekgyeon is Korean martial arts using graceful motions to defend yourself versus an opponent. These motions consist of Poom-bahl-kee, Hwahl-get-jit, and Bahl-jil. Taekgyeon looks very gentle and elegant but in truth there lies very powerful techniques. Taekgyeon can be traced back to the Three Kingdom Era of Korean history(according to large drawings on tomb walls from the Go-goo-ryuh kingdom). In the Go-ryuh Dynasty it was widely practiced so many techniques were devised. It became part of military rank testing as well. In the Jo-seon Dynasty it became an art for the people, allowing all to enjoy the benefits of the art. Now Taekgyeon is designated as Korea's National Intangible Cultural Asset Number 76. At the same time it is also designated as a UNESCO Intangible Cultural Heritage of Humanity.

The features of Taekgyeon are hand and feet motions are circular (allowing easy attack and defense), it's very musical with a dance-like rhythm and lastly, when compared to other arts, it is more defensive and allows partners to develop together.

Taekgyeon can be used in many different ways, such as exercise and sports due to its circular and natural motions. Also it can be considered a cultural skill due to its aesthetic properties.

1. 택견의 가르침

· 참

택견의 철학적 모태라 할 수 있는 택견의 가르침은 택견을 수련함으로써 얻을 수 있는 정신적 · 육체적 배움이자 택견을 통해 추구하고자 하는 이상적 상태를 의미한다.

'참'은 국어사전 상으로 "1) 사실이나 이치에 조금도 어긋남이 없는 것, 2) 논리에서, 진릿값의 하나. 명제가 진리인 것"으로 정의된다(국립국어원 표준국어대사전). 이 정의의 두 가지 측면을 따져보면 하나는 그름과 대비되는 옳은 것을 의미하고 또 하나는 거짓과 대비되는 진리를 의미한다. 결국 국어사전 상의 정의를 통해 볼 때, '참'은 '옳음'과 '진리'를 의미하게 된다. 이는 '참'이 단지 거짓의 반대의 의미가 아닌 바람직한 것을 포괄하는 의미를 가진 것으로서 옳고 바람직한 상태를 의미함을 보여준다.

택견에서 가르침으로 주창되고 있는 이 '참' 역시 택견인들에게는 단순히 옳은 것을 넘어 더욱 바람직한 것을 의미하는 철학적 견지에서 해석되고 있다. 따라서 택견을 수련하는 모든 사람들은 이 '참'을 바탕으로 택견을 수련함에 있어서 또 택견을 전승함에 있어서 진리를 추구하는 마음과 더불어 더 바람직한 상태를 추구하고자 하는 철학적 고민을 해야 할 것이다.

초대 택견인간문화재이신 송암 신한승 선생은 택견의 가르침을 참 정신에 바탕을 두는 이유로, 고구려의 선배정신과 신라의 화랑정신으로부터 이어지는 선비정신을 바탕으로 한 참을 실현하여, 전통문화 발전에 기여하고 민족의 주체성을 고취하기 위한 것임을 강조하였다.

1. Taekgyeon Teachings

· Universal Truth and Righteousness (Chahm)

Taekgyeon teachings or lessons which are the philosophical grounds of the art, mean the ideal goals that you pursue as you develop physically and spiritually.

The word 'Chahm' in Korean dictionaries means 1) a total consensus of a fact or theory, 2) in logic where is truth, falsehood and contradiction, 'Chahm' stands for truth. According to those two definitions one is the acceptance of truth, while the other is righteousness against falsehoods. So together you are left with a definition of 'right and true'. This means it is more than the opposite of something wrong, it exemplifies righteousness.

The character 참 as learnt in Taekgyeon lessons is interpreted in a philosophical point of view meaning something that goes beyond what is right to the point of being virtuous. So all those who train in Taekgyeon, should contemplate the 'truth' while training and even teaching the art. A more desirable level should always be strived for.

The first Human Intangible Cultual Asset Shin Han-Seung ('Song-Ahm') stated Taekgyeon spirit was based on Chahm. Chahm is based on the spirit of Seon-bi(scholar), which succeeded Seon-bae-jeong-sin of Go-goo-ryuh('senior' spirit) and Hwa-rang-jeong-sin(Shilla Dynasty knight spirit). He emphasized you fulfill the Chahm so you radiate traditional values and inspire national pride.

우리 민족의 뿌리인 전통문화는
우리민족과 더불어 영원한 것이고
우리 국민의 사상을 단합시킬 수 있는 것은
우리의 전통문화를 뿌리로 한
우리 겨레의 선비 정신인 참 정신을
바르고 옳게 이해하고 실현하는데 있다.

- 송암(松庵) 신한승(辛漢承) -

Our traditional culture is the root of our people;

Stays forever with our people.

To unite our ideologies we need to understand 'Chahm' properly and fulfill the spirit properly,

which is our spirit of seon-bi

that is rooted in our traditional culture.

"Song-Ahm" Shin Han-Seung

2. 택견인의 길

택견으로 조상의 얼을 이어

하나, 마음을 닦고

하나, 예를 지키고

하나, 견주며

하나, 몸을 길러

겨레와 나라에 이바지한다.

택견인의 길은 택견을 배우고 이어가고자 하는 택견 수련자들의 기본적인 생활 지침이자 수련 지침으로서 초대 인간문화재이신 송암 신한승 선생에 의해 주창되었다.

각 항목에 해설을 덧붙이자면

"택견으로 조상의 얼을 이어" : 우리 민족의 얼을 담은 전통무예인 택견을 통해 우리 선조들의 마음가짐과 정신을 이어받아야 함을 의미한다.

"마음을 닦고" : 택견을 수련하는 와중에, 그리고 일상생활에서 택견인으로 살아가면서 항상 정갈하고 차분한 심리적 상태를 유지할 수 있도록 자신의 마음을 훈련시킬 것을 의미하며, 택견의 수련은 신체만의 수련이 아니라 마음을 먼저 수련해야함을 의미하며 마음가짐이 되었지 않고 자칫하면 상대를 해할 수 있는 무예를 수련하기에 맞는 마음을 먼저 닦는 것이야 말로 택견수련의 첫걸음이다.

"예를 지키고" : 택견인으로서 자신과 자신 이외의 모든 사람에게 진심에서 우러나는 예로써 대해야 함을 의미한다. 택견인은 자기 자신에게도 예를 지켜야 하며 이를 바탕으로 자신보다 나이가 많고 적음, 사회적 지위가 높고 낮음을 막론하고 모든 사람에게 공손하고 존중하는 마음가짐을 통해 대해야 함을 의미한다.

"견주며" : '견주다'는 비교함을 의미한다. 이는 긍정적 차원의 비교를 의미하는 것으로써, 항상 자신과 타인을 비교하여 자기의 부족한 부분을 찾아내어 고쳐나가고 타인의 좋은 점을 배울 수 있도록 자신을 타인과 비교해야함을 의미한다. 이는 택견 기술 뿐 아니라 모든 일상생활에 적용되는 원칙으로써, 모든 사람을 배움의 대상으로 삼아야 함을 의미하는 것이다. 즉 견주기는 단순히 겨룸이나 비교가 아닌 상대를 통해 나를 알아가는 과정이다.

2. The Way of the Taekgyeon Practitioner

To Carry on My Ancestral Spirits through Taekgyeon

First, I will train my mind,

First, I will remain respectful of others,

First, I will learn from others,

First, I will develop myself physically,

This will enable me to contribute to helping my fellow man and my nation.

The previous oath is the motto for Taekgyeon practitioners who want to actually 'inherit' the art of Taekgyeon. It serves as a moral compass as well as training guidance at the same time. Those words were advocated by Grandmaster Shin Han-Sung, the 1st Human Intangible Cultural Asset(in South Korea).

The following is to add explanation for each vow:

To Carry on My Ancestral Spirits through Taekgyeon: This means we have to inherit our ancestors' minds and spirits through our mart art of Taekgyeon, which is the soul of Koreans throughout the ages.

I will train my mind: This means to train our own conscious minds to be uncluttered and calm. As a practitioner this applies in and out of training.

I will remain respectful of others: Simply this means to be polite and considerate to 'everyone', even to yourself. As a Taekgyeon practitioner you should be respectful to yourself and respect others regardless of age, gender, social class, etc.

I will learn by comparing to others: By comparing myself to others (not judging) positively, you can see your weak points and learn others' good points. This once again goes past just martial arts but into everyday life. Everyone should become your teacher. That is comparing, not just through sparring, but really knowing yourself through other people.

"몸을 길러" : 몸을 기른다는 것은 말 그대로 자신을 훈련시킨다는 의미로써, 단순한 육체적 능력 뿐 아니라 사람으로서의 다양한 덕목을 길러야 함을 의미한다.

"겨레와 나라에 이바지한다." : 이는 택견을 통해 얻게 된 더 나은 자기 자신을 개인의 사리사욕이 아닌 타인을 위해 사용할 수 있는 마음가짐과 노력이 필요함을 의미한다. '국가와 민족 앞에 충성을 다하는 것'이 표현이 일반적이지만 우리민족의 뿌리인 전통문화를 중시 여긴 송암 선생은 '겨레와 나라에 이바지하는 것'을 택견의 수련목적으로 강조하였다. 더불어 단어의 나열에서도 볼 수 있듯이 겨레를 먼저 언급하고 나라를 뒤에 언급한 것은 송암 선생의 남다른 민족정신을 살펴 볼 수 있는 구절이다.

'택견인의 길'에 나타나는 각 항목은 모두 '하나'로 순서가 매겨짐으로써, 모든 덕목이 동등하게 중요한 것임을 의미한다. 이 '택견인의 길'은 택견을 수련하는 사람이면 누구든 항상 마음속에 담아 삶과 수련의 지침으로 삼아야 할 것이다.

I will develop myself physically: Literally train yourself. Not just physical attributes, but as a human being one needs to develop various virtues.

This will enable me to contribute to helping my fellow man and my nation: This means you need to develop the self-actualization you developed from Taekgyeon training to be of service to others. Shin Han-Seung, who thought very highly of traditional Korean culture, emphasized contributing and helping one's fellow man and nation as the purpose of Taekyeon training. You can tell his mindset as he mentions 'fellow man' BEFORE 'nation'.

All the sentences in the previous 'The Way of the Taekgyeon Practitioner' are in the first sequence. Each virtue is equally important. Anyone who practices the art she keep this in their mind and make it a guideline for their lives and their training.

3. 택견의 품계

택견의 품계는 타 무술에서 사용하는 단(段), 급(級)을 사용하지 않고 순우리말인 동과 째를 사용한다. 본래 예전에는 품계가 있지 않았지만 故 신한승 선생께서 체계적인 수련을 위해 정립하여 생겨난 제도이다.

먼저 째란 타 무술의 급에 해당되는 품계로서 열두째부터 시작이 돼서 첫째까지 12개의 품계로 나뉜다. 열두째가 가장 낮은 품계가 되고 첫째가 가장 높은 품계가 되는 것이다. 예를 들어 최진사 댁에 딸이 셋인데 첫째 딸 예쁘고, 둘째 딸은 마음씨가 곱고, 셋째 딸은 학식이 뛰어나다 고 표현할 때 첫째 딸이 연배가 가장 높듯이 택견에서 서열을 정하는 방식은 째로 사용하고 있다. 보통 째 심사는 한 달에 한 번씩 응시하게 되어있고 12달이면 첫째에 도달하면서 한 동을 심사 볼 수 있는 자격이 부여되는 것이다.

동은 타 무술에서 사용하는 단을 부르는 용어로서 한 동부터 시작되어 아홉 동까지 이르게 된다. 택견에서 한 동 이란 기둥을 하나 세우는 것을 의미한다. 처음에는 기둥하나 세우는 것도 매우 힘들고 지치는 작업이다. 하지만 아쉽게도 기둥 하나를 세워서 어떠한 건물의 용도로 활동하기는 어렵다. 즉 한 동이란 택견의 입문하는 과정이지 마무리하는 과정이 아니다. 그럼에도 불구하고 한 동을 취득하게 되면 스스로 기량이 출중해 지는 것으로 아는 사람들이 있는데 잘못된 판단이다. 건물의 예를 들어 기둥 하나 세워놓으면 아무것도 아닌 것과 다름없는 과정이다. 한 동은 수련과정으로는 본때뵈기 앞의 거리 8마당까지를 마치고 마주차기와 마주걸이 그리고 대걸이와 맞서기 등 견주기의 재미를 알아가는 시기이다. 한 동을 얻는 기간은 1년 정도 걸린다.

본때뵈기란 사전적으로 본보기가 될 만한 행동이나 사물의 됨됨이를 일컫는 용어이며 택견에서는 본인의 기량을 과시하는 것을 본때뵈기(본대뵈기)라고 한다. 본때뵈기와 본대뵈기가 혼용되어 사용되는데, 초창기에는 본대뵈기를 자주 사용하였지만 국어 맞춤법에 따라 본때가 정확한 표현이기에 이 책에서는 본때뵈기로 명기하였다. 본때뵈기의 자세한 설명은 본때뵈기 편에서 하겠지만 우선 용어의 일률적인 통용은 필요할 것 같아 주석을 달아놓는다.

3. Taekgyeon Grading System

The Taekgyeon Grading System doesn't use 'Dan' or 'Geup' as in other martial arts. Instead it uses old Korean terms 'Dong' and 'Jae'. Originally there was no such system, but Shin Han-Seung instituted it to help systemize the training.

Jae has the same meaning as coloured belts in other arts. They are 12 levels. It starts with the 12th and goes up to 1st Jae. Usually Jae testing occurs once a month. After you reach 1st Jae you can qualify to test for Han Dong(1st Dan / degree blackbelt) a year later.

Dong is the term for Dan or degree black belt. It starts with Han(1) Dong and goes up to Ah-hohp(9) Dong. Han Dong in Taekgyeon means building a pillar. At first building a pillar is hard and tiring work. However if you have one pillar, it's useless for any form of architecture. This means Han Dong is a process to enter Taekgyeon. It is far from 'finishing'.

To get Han Dong you need to finish Bohn-dae-bae-kee Ahp-eui-guh-ree 8 Ma-dang, Mah-joo-cha-kee, and Mah-joo-guh-ree, and, during this you first experience the amusement of Kyeon-joo-kee(free sparring with two style of Dae-guh-ree and Maht-suh-kee).

> Bohn-dae-bae-kee literally means to be a role model for others or the structure of something. In Taekgyeon in order to prove your ability or technique is what we call Bohn-dae-bae-kee. More detail will be supplied in its own section.

두 동은 기둥을 두 개 세우는 과정인데 이미 하나를 세워 봤으니 두 개째 세울 때는 한 개째 세울 때 보다 생소하진 않겠지만 두 번째 기둥을 어느 위치에 어떤 방법으로 세워야만 건물의 윤곽이 나타날지를 알아가는 중요한 과정이다. 그러므로 두 동의 과정에선 한 동 때보다 더욱 스승의 가르침이 중요한 시기이며, 택견의 맛을 알아가는 과정이고 상당히 수련에 재미를 붙이는 시기이다.

수련과정으로는 뒤의 거리 2마당, 즉 9마당과 10마당을 배워가는 과정이다. 마주차기는 솟쳐 차기로 수련하며 마주걸이 단번걸이로 수련한다. 견주기는 이 시기쯤이 되면 제법 자신감이 붙는다. 두 동을 얻는 기간은 한 동 취득 후 2년 정도 걸리며, 두 동을 취득하게 되면 문화재보호법에 의해 택견을 전수받을 자격을 갖추는 택견국가전수생 평가에 응시할 수 있는 자격도 부여된다.

석 동은 기둥을 세 개를 세우는 과정이다. 세 개를 세우게 되면 건물로 말하자면 공간적인 활용도가 나타나게 되는 품계이다. 하지만 세 개이다 보니 삼각형의 공간이 생기게 되어 활용도가 생기지만 그 활동도가 미흡한 모양이다. 또한 세 개째 기둥을 스승의 가르침 없이 세우게 되면 세 번째 기둥을 이전의 두 개의 기둥과 일직선이 되게 만드는 오류를 범할 수 있다. 이것은 매우 잘못된 수련을 한 것이 되므로 대부분의 사람들이 이 시점에서 수련을 포기하거나 중단하기도 한다.

석 동을 취득한다는 것은 이제 지도를 받는 위치에서 지도를 하는 위치가 된다는 것을 의미하는 과정이기도 하다. 하지만 위에서 말했듯이 스승의 가르침을 제대로 이해 못하여 기술 및 이론을 제대로 수련하지 못하면 택견의 진미를 깨닫지 못하게 되는 시기이기도 하다. 그러므로 끊임없는 수련과 공부가 필요하다.

수련과정은 뒤의 거리 4마당인데 온절로 본때뵈기 12마당 과정을 모두 마치는 과정이며 마주메기기는 익힘수와 맞수를 통해 견주기 기술을 더욱 다양하고 섬세하게 익히게 된다. 견주기는 개인차가 있겠지만 이때가 본인의 최고의 기량을 구사하는 시기이다. 석 동을 취득하기 위해서는 두 동을 얻은 후 3년이 경과해야만 석 동 심사의 자격이 부여된다.

Doo(2) Dong is the process of placing two pillars. The second is easier than the first, but it's an important process 'where' and 'how' you place the second pillar so you can envision the entire structure you are building. This Dong your teacher's lessons are more important than ever before.

You actually get the 'taste' of Taekgyeon and start to have fun with your training. As far as curriculum you study Bohn-dae-bae-kee Dui-eui-guh-ree 2 Ma-dang(the 9th and 10th parts of Bohn-dae-bae-kee), Mah-joo-cha-kee(Soht-chuh-cha-kee), Mah-joo-guh-ree(Dahn-bun-guh-ree), and you actually develop confidence doing Kyeon-joo-kee. To get 2nd Dong it takes another 2 years after 1st. Once you get 2nd Dong you are qualified to apply for test for Jeon-soo-saeng(qualification test for Taekgyeon initiates set by Korean law).

Suhk(3) Dong is a process to build three pillars. If you place three pillars you can see the basic idea of the usage of space of the structure. Sadly as its only '3', it's still not perfect. When you place the third pillar without proper instruction it may be the same as placing the third pillar to just make a straight line rather than a triangular shape. That symbolizes improper training. Many give up at this point when they realize mistakes may have been made.

To get 3rd Dong means you are in the process of changing from being taught to teaching, however as it was mentioned before, if you misunderstood your teacher in your practice you will pass those flaws on ruining the benefits and beauty of the art.

As for the curriculum you must learn Bohn-dae-bae-kee Dui-eui-guh-ree 4 Ma-dang(all parts of Bohn-dae-bae-kee). Also training Ik-heem-soo and Maht-soo, so you can more of a variety of sparring combinations. It takes another 3 years to achieve 3 Dong.

넉 동의 심사과정은 택견의 무기술인 육모술을 중심으로 구성되어있다. 육모 본때뵈기인 육모거리와 육모를 통한 상대와 수련과정인 육모메기기가 주요 심사과정이며, 견주기는 한 사람과 견주는 것이 아니라 만인상대견주기라고 해서 3인 이상과 견주는 과정을 심사하게 된다.

넉 동은 건물에 비유하면 네 개의 기둥을 세운 품계로 넉 동이 되었을 때 비로써 사방의 공간이 생겨나고 건물로서 활용도도 매우 높아지게 된다. 그래서 택견에서의 넉 동은 매우 의미가 깊은 품계이다. 뿐만 아니라 넉 동은 돌아가신 故 신한승 선생께서 발급하신 최고의 동이다. 그래서 택견인들은 제도적으로 명명되지는 않았지만 암묵적으로 넉동을 최고의 동이라고 생각하기도 한다.

Nuhk(4) Dong test consists of Youk-mo-sul(Taekgyeon weapon skill with a 6 angled stick), Youk-mo-guh-ree(Youk-mo Bohn-dae-bae-kee), and Youk-mo Me-kee-kee(partner training). For Kyeon-joo-kee, you have to spar with 3 or more people at the same time, which named 'Mah-nin-sang-dae Kyeon-joo-kee'.

When comparing 4 Dong to the pillars, you actually have a square room so it actually becomes useful. So in Nuhk Dong is a very significant grade in Taekgyeon. It was the highest Dong issued by the great Grandmaster Shin Han-Seung. Many of those in Taekgyeon consider this as the 'highest'Dong.

국가무형문화재 제76호 택견 승동 기준표 (2012년 현재 기준)

<table>
<tr><th rowspan="2">동</th><th colspan="3">심사내용</th><th rowspan="2">자격기준</th><th rowspan="2">심사위원
자격기준</th><th rowspan="2">연령
제한</th></tr>
<tr><th>혼자익히기</th><th>마주메기기</th><th>견주기</th></tr>
<tr><td>한동</td><td>본때뵈기 앞의거리
8마당</td><td>마주차기,
마주걸이</td><td>대걸이,
맞서기</td><td>수련기간 1년
이상</td><td>국가전수생
(지역평가)</td><td>연령
제한 無</td></tr>
<tr><td>두동</td><td>본때뵈기 뒤의거리
2마당(9,10마당)</td><td>마주차기
(솟쳐차기)
마주걸이
(단번걸이)</td><td>대걸이,
맞서기</td><td>1동 승동 후
2년경과</td><td>국가이수자
(지역평가)</td><td>연령
제한 無</td></tr>
<tr><td>석동</td><td>본때뵈기 12마당</td><td>익힘수, 맞수</td><td>대걸이,
맞서기</td><td>2동 승동 후
3년경과</td><td>국가이수자
(중앙평가)</td><td>18세
이상</td></tr>
<tr><td>넉동</td><td>육모거리</td><td>육모메기기</td><td>만인상대
견주기
(3인이상)</td><td>3동 승동 후
4년경과</td><td>국가이수자
(중앙평가)</td><td></td></tr>
<tr><td>다섯동</td><td>결련거리</td><td>결련수</td><td>만인상대
견주기
(4인이상)</td><td>4동 승동 후
5년경과</td><td>보유자/이수자
2인(여섯동)</td><td></td></tr>
<tr><td>여섯동</td><td>별거리 8마당</td><td>無</td><td>만인상대
견주기
(5인이상)</td><td>5동 승동 후
6년경과</td><td>보유자/이수자
3인(일곱동)</td><td>40세
이상</td></tr>
<tr><td>일곱동</td><td colspan="3">막뵈기, 이론시험</td><td>6동 승동 후
7년경과</td><td>보유자 외
특별위원회</td><td></td></tr>
<tr><td>여덟동</td><td colspan="3">구술평가, 실적평가</td><td>7동 승동 후
8년경과</td><td>보유자 외
특별위원회</td><td></td></tr>
<tr><td>아홉동</td><td colspan="3">공로를 통한 수여</td><td>8동 승동 후
9년경과</td><td>보유자 외
특별위원회</td><td></td></tr>
</table>

National Intangible Cultural Asset No.76 Taekyeon Grading Standard (2012)

Dong	Test Subjects			Qualification	Judges	Age Min.
	Hone-jah Ik-hee-kee (Solo Training)	Mah-joo Me-kee-kee (Partner training)	Kyeon-joo-kee (Sparring)			
Han (1) dong	Bohn-dae-bae-kee Ahp-eui-guh-ree 8 Ma-dang	Mah-joo-cha-keeMah-joo-guh-ree	Dae-guh-ree, Maht-suh-kee	1 year or more training	Taekyeon Initiate (regional test)	None
Doo (2) Dong	Bohn-dae-bae-kee Dui-eui-guh-ree 2 Ma-dang (9,10 Ma dang)	Mah-joo-cha-kee (Soht-chuh-cha-kee) Mah-joo-guh-ree (Dahn-bun-guh-ree)	Dae-guh-ree, Maht-suh-kee	2 years after 1 Dong	Taekyeon Disciple (regional test)	None
Suhk (3) Dong	Bohn-dae-bae-kee 12 Ma-dang	Ik-heem-soo, Maht-soo	Dae-guh-ree, Maht-suh-kee	3 years after 2 Dong	Taekyeon Disciple (HQ test)	18 and up
Nuhk (4) Dong	Youk-mo-guh-ree	Youk-mo Me-kee-kee	Mah-nin-sang-dae Kyeon-joo-kee(3 or more people)	4 years after 3 Dong	Taekyeon Disciple (HQ test)	
Dah-suht (5) Dong	Kyeol-lyeon-guh-ree	Kyeol-lyeon-soo	Mah-nin-sang-dae Kyeon-joo-kee(4 or more people)	5 years after 4 Dong	Title Holder/2 Taekyeon Disciples (Yuh-suht Dong)	
Yuh-suht (6) Dong	Byeol-guh-ree 8 Ma-dang	none	Mah-nin-sang-dae Kyeon-joo-kee(5 or more people)	6 years after 5 Dong	Title Holder/3 Taekyeon Disciples (Il-gohp Dong)	40 and up
Il-gohp (7) Dong	Mahk-bae-kee, Theory			7 years after 6 Dong	Title Holder and Special Committee	
Yuh-dul (8) Dong	Oral test, Propagation of Taekgyeon			8 years after 7 Dong	Title Holder and Special Committee	
Ah-hohp (9) Dong	Awarded for contributions			9 years after 8 Dong	Title Holder and Special Committee	

4. 택견의 구성요소 및 수련단계

택견 기술의 구성요소는 크게 3가지로 구분되는데, 품밟기, 활갯짓, 발질로 구성되어 있다.

먼저 품밟기란 택견의 움직임의 가장 기본적인 발놀림으로 흔히 보법을 말하는 것이다. 품밟기는 3박자로 이루어져 있는데, 움직임이 질박하고 굼실거리는 균형이 깨진 듯한 3박자이다. 품밟기의 중요성은 아무리 강조해도 지나치지 않지만 무엇보다 중요한 점은 모든 공방의 시작이 품밟기에서 시작되므로 품밟기가 안정적이지 못하면 좋은 공격과 방어 이루어지지 못한다는 점이다.

또한 택견은 종합무예로서 발차기와 걸이기술을 함께 구사하는 무예이다. 발차기는 신속성이 필요하다면 걸이기술은 무엇보다도 안정성이 필요하다. 이러한 발차기와 걸이기술을 어떤 상황에서도 자연스럽게 구사하기 위해서는 품밟기를 명확히 구사하는 것이 매우 중요하다. 품밟기의 우수함과 과학적인 증명을 위해 다양한 품밟기에 관련된 연구도 지속적으로 진행되어 논문으로 간행되고 있다.

활갯짓은 택견의 몸놀림을 갖추어주며 공격과 방어의 기본적인 손놀림이다. 혹자는 활갯짓을 하게 되면 방어에는 효율적일지 몰라도 공격이 느려진다고 말하기도 하지만 이것은 활갯짓이 품밟기와 자연스러운 조화를 이루지 못해서 나오는 현상이다. 활갯짓이 방어가 주된 몸놀림임은 맞지만 품밟기와 조화롭게 이루어지면 공격에 도움이 되는 몸의 상태를 만들어주어 결코 공격이 늦어지지 않게 된다.

발질은 발길질과 발걸이를 통칭하는 말로 택견에서 발질은 공격의 모체이다. 손질이 없는 것은 아니지만 손은 발의 보조형태로 쓰이는 경우가 빈번하며, 발기술보다 쓰임새도 많지 않다. 옛 문헌에도 각희, 비각술 등의 용어를 활용하여 택견 발기술의 특징을 나타내기도 하였다.

택견의 수련단계는 3단계로 이루어져 있다. 우선 기술을 낱개로 배워서 혼자 반복 수련하는 단계인 혼자 익히기가 있으며, 다음으로는 낱개로 배운 기술을 상대방과 수련하는 마주메기기의 단계이며, 마지막으로 실제 상대와 대련을 하는 견주기의 단계가 있다.

4. Basic Elements of Taekgyeon and Curriculum

The elements of Taekgyeon techniques can be largely divided into three parts such as Poom-bahl-kee, Hwahl-get-jit, and Bahl-jil.

Poom-bahl-kee is the most basic footsteps of Taekgyeon motion. It consists of three beats with off balanced movement, due to it's simple, plain, and bouncing features. The importance of Poom-bahl-kee can never be overstated. All actions start with Poom-bahl-kee, so if your Poom-bahl-kee is not stable, your attacks and defenses will suffer as a result.

Also Taekgyeon is an art that uses kicks and hooking techniques together. When you kick you need speed. When you hook you need stability. To be able to use these kicks and hooks effectively you must do Poom-bahl-kee properly. There have been many thesis prepared about Poom-bahl-kee's excellence scientifically.

Hwahl-get-jit is basic hand motion for attacking and defense. Also it forms the art's body mechanics. Some say it is good for defense but makes attacks slower. This only happens when your Hwahl-get-jit and Poom-bahl-kee aren't properly synchronized. It is popular for defense but if it is properly timed with your footwork your attacks are never slow.

Bahl-Jil(leg motions) means Bahl-gil-jil(kicking) and Bahl-guh-ree(hooking). In Taekgyeon, Bahl-jil is the model of attacking skills. There are Sohn-jil(hand skills) in Taekgyeon, but mostly they assist leg maneuvers. In an ancient book Taekgyeon leg techniques are featured, but not many hand techniques.

There are three steps in training. First, Hone-jah Ik-hee-kee(solo training), learning individual techniques and repeat them by yourself. Next, is Mah-joo Me-kee-kee(partner training), which is practicing the previous skills with a partner. Lastly, actual sparring with your partner(Kyeon-joo-kee).

· 택견수련단계 구성표

혼자익히기	· 기본자세(처음 익히기) · 서서 익히기 · 나아가며 익히기 · 맨나중 익히기(종료동작) · 막음새 · 얼름새 · 본때뵈기 앞의 거리 8마당 · 본때뵈기 뒤의 거리 8마당 · 결련거리 8마당 · 육모거리 8마당 · 별거리 8마당
마주메기기	· 마주차기 · 마주걸이 · 막음질 · 얼러 메기기 · 익힘수 · 맞수 · 결련수 · 육모메기기
견주기	· 대걸이 · 맞서기 · 만인상대견주기

· Steps for Taekgyeon Training

Hone-jah Ik-hee-kee (Solo Training)	· Basic Stance(Chuh-eum Ik-hee-kee) · Suh-suh Ik-hee-kee · Nah-ah-gah-myuh Ik-hee-kee · Maen-nah-joong Ik-hee-kee(Finishing Movement) · Mahk-eum-sae · Ul-leum-sae · Bohn-dae-bae-kee Ahp-eui-guh-ree 8 Ma-dang · Bohn-dae-bae-kee Dui-eui-guh-ree 8 Ma-dang · Kyeol-lyeon-guh-ree 8 Ma-dang · Youk-mo-guh-ree 8 Ma-dang · Byeol-guh-ree 8 Ma-dang
Mah-joo Me-kee-kee (Partner Training)	· Mah-joo-cha-kee · Mah-joo-guh-ree · Mahk-eum-jil · Ul-leo Me-kee-kee · Ik-heem-soo · Maht-soo · Kyeol-lyeon-soo · Youk-mo Me-kee-kee
Kyeon-joo-kee (Sparring)	· Dae-guh-ree · Maht-suh-kee · Mah-nin-sang-dae Kyeon-joo-kee

Chapter 02

혼자 익히기의 이해와 수련
Understanding Solo Training and Its Practice

Ⅱ. 혼자 익히기의 이해와 수련

1. 처음 익히기

처음 익히기는 택견을 시작하며 가장 먼저 배우는 동작으로 구성된 부분이다. 이는 택견의 가장 기본적인 동작들인 동시에 택견 수련을 시작하기에 앞서 신체의 각 관절 부위를 가볍게 스트레칭 할 수 있는 동작들로 구성된다.

본래 처음 익히기는 저기치기, 활갯짓(긁기, 제치기, 헤치기, 치들기), 품밟기(내밟기, 길게 밟기, 째밟기), 손심내기(천천히, 열세게 두 번)으로 구성된다. 그러나 택견의 처음 익히기와 서서 익히기 수련이 인사인 절을 먼저 한 후, 원품 상태에서 이루어진다는 점을 고려하여 이 책에서는 절과 품에 대한 설명을 우선적으로 추가하였다.

Ⅱ. Understanding Solo Training and Its Practice

1. Chuh-eum Ik-hee-kee (Elementary Movements)

Elementary movements consist of motions you learn from the very first time you start to learn Taekgyeon. These are the most basic movements in the art and also these consist of exercises that can warm up each joint of your body before you get into heavier Taek-gyeon training.

Originally the elementary movements consisted of Juh-kee-chee-kee, Hwahl-get-jit(in-cluding Guhl-kee, Jay-chee kee, Hay-chee-kee, Chee-dul-kee), Poom-bahl-kee(including Nae-bahl-kee, Keel-gay-bahl-kee, Jae-bahl-kee), and Sohn-shim-nae-kee(including Cheon-cheon-hee, Yeol-se-ge Doo-beon). However the elementary movements and stance train-ing start with bowing and then Won-poom(the open position) before you begin anything. So the reasoning for the bowing and the open position starts first in this text.

(1) 절

택견에서의 절은 우리나라의 기본적인 절하는 방법과 동일하게 실시된다. 절은 '바로-절'의 구령에 따라 이루어지며, 구체적인 방법은 다음과 같다.

바로 : 두 발의 뒤꿈치를 모아 붙이고 다리 전체의 틈이 벌어지지 않도록 곧게 편 상태에서 왼손 손등이 정면을 향해 위로 올라가도록 엄지손가락을 교차 시킨 후, 아랫배의 단전부위(배꼽 세치아래)에 붙인다. 몸 전체를 곧게 세운 후 차분하고 공손한 마음가짐을 갖도록 바르게 선다. 이 자세가 우리나라의 전통적인 바로자세인데 택견에서는 남성과 여성 모두 왼손이 오른손 위로 올라가게 공수(拱手)하도록 되어있다.

절 : 허리를 편 상태에서 골반을 중심으로 상체를 전방을 향해 30°~45° 정도 앞으로 숙인다. 이때 상대를 향한 존중의 마음을 되새기며 허리를 2~3초간 숙인 후, 천천히 원래대로 일어난다. 이때 시선은 상대가 아닌 자신의 엄지발가락에 머물러야 한다.

택견에 대해 흔히 예시예종(禮始禮終)이란 표현을 씀으로써 택견이 예(禮)를 중요시하는 전통무예임을 강조한다. 다른 무술들도 예(禮)를 중시하는 것은 마찬가지이겠으나, 택견은 그 기본 지침인 택견인의 길에 예(禮)를 지킬 것을 강조하는 등 예(禮)의 중요성을 남다르게 강조한다.

원품(Won-poom)

바로(Ba-ro)

절(Juhl)

(1) Bowing

The bowing featured in Taekgyeon is the traditional way Koreans did it centuries ago. A 'performance' starts with 'Baro, Juhl'. This meaning 'Attention, Bow'. The details on how to do these motions are as follows:

Baro (Attention) : Stand with your heels together, but your feet pointing outwards. You should place their left hand on top of their right(and slip your left thumb behind the right hand as you lightly clasp the hand) and rest the right palm against your Dahn-juhn(just below the navel). Stand upright maintaining a sense of composure.

Juhl (Bow) : Lean your upper body forward 30 to 45 degrees. Be sure not to look at the other person. Instead glance at the end of your big toe. Keep the principles of respect in mind as you pause at that point for 2 to 3 seconds. Slowly rise into your original position.

> Taekgyeon begins and ends with proper manners. Although all martial arts teach manners, Taekgyeon puts a much higher emphasis on that aspect.

절 [Juhl]

바로 [Ba-ro]

원품 [Won-poom]

(2) 품(品)

품에는 원품(元品), 좌품(左品), 우품(右品)의 세 가지 기본형태가 있다. 원품은 자신의 양 발을 어깨 넓이로 벌린 후, 양 발을 좌우측으로 45° 가량 향하도록 발뒤꿈치를 중심으로 양 발 끝을 벌려 반듯하게 선 상태이다. 좌품은 원품에서 왼발이 한 족장 반 정도 앞으로 나간 상태, 우품은 오른발이 한 족장 반 정도 앞으로 나간 상태이다. 이 때 앞으로 내딛은 발은 원품의 어깨 넓이를 이등분한 수직선 위에 있어야 한다.

품(品)이란 명칭은 택견의 기본 스텝인 품밟기가 삼각형의 형태를 이루어 그 발자국이 마치 한자의 물건 품(品)과 유사한 형태로 나타나기에 붙여진 명칭이라 할 수 있다. 원품에서 좌품으로 그리고 다시 원품으로 돌아와 우품으로 자연스레 이어서 옮겨 디디게 되면 바로 품밟기가 된다.

좌품 및 우품의 경우, 앞으로 내딛은 발의 방향은 자신의 정면, 즉, 상대방을 가리켜야 한다. 또한 체중은 뒷발에 70% 이상이 있어야 하며, 양 무릎은 45°~50° 가량 굽혀진 상태여야 한다. 허리는 곧게 펴진 상태에서 엉덩이가 앞이나 뒤쪽으로 밀려 나가지 않도록 주의해야 한다. 이 때 시선은 정면을 향해야 하나 가슴은 좌측과 우측의 각 방향으로 약 15° 정도 틀어진 방향을 향해야 한다. 한 가지 주의할 점은 좌 · 우품에서 앞으로 내딛은 발에 체중을 주지 않기 위하여 상체를 그 반대방향으로 기울이는 일이 있어서는 안 된다는 것이다. 척추의 중심점이 뒷발의 발뒤꿈치 위에 오도록 한 뒤 허리를 위로 곧게 펴도록 해야 한다.

원품 [Won-poom]

좌품 [Jwa-poom]

우품 [Woo-poom]

(2) Poom

There are three basic 'Pooms': Won-poom, Jwa-poom, and Woo-poom. Won-poom is you standing with your feet shoulder width apart, feet pointing outwards at a 45 degree angle. Jwa-poom is stepping with the left foot 1 & half footsteps forward from the original spot. Woo-poom is the same as the previous one, but with the right foot. Keep in mind the forward feet must always keep the same distance between the right and left feet of Won-poom upon completion.

> The term 'Poom' comes from the triangular shape of the steps that resemble the old Chinese character of Poom (品) . When you start with Won-poom and go to Jwa-poom, then return to Won-poom. Right after do the same with Woo-poom, it quickly becomes our most basic stepping maneuvers Poom-bahl-kee.

When you do Jwa-poom or Woo-poom your fore foot must always be in front of your opponent. Your behind leg bears 70 percent of your weight, leaving your lead leg to handle the other 30. Both knees are slightly bent (45 to 50 degrees) upon completion of each forward step. Your upper body must remain upright or you could end up leaning off to the wrong direction. Your eyes must remain straight forward as your upper torso angles off about 15 degrees in the direction in which you are leading off with.

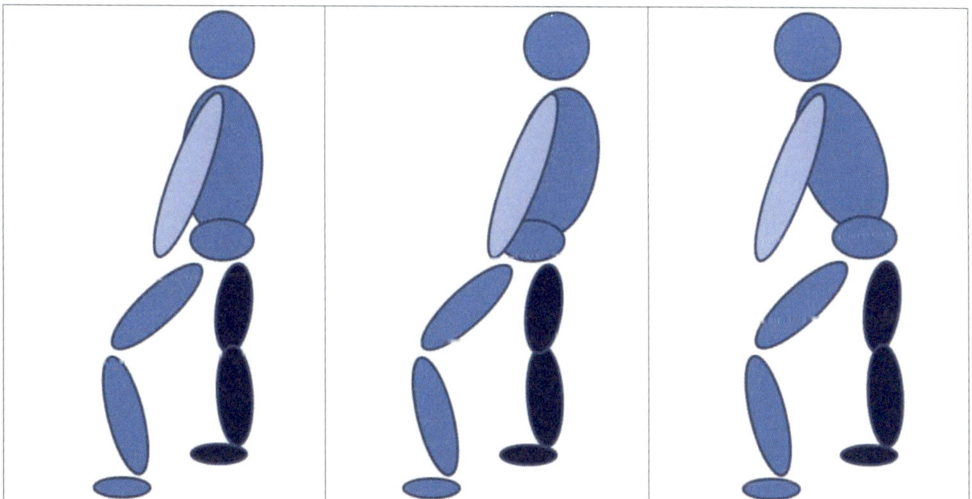

correct upright(O)	wrong(X)	wrong(X)

원품에서의 두 발과 좌품 및 우품에서의 뒤쪽에 위치한 발은 앞 방향(앞방향이라 하면 대체로 상대가 서있는 방향, 즉, 내가 바라보아야 하는 방향을 의미한다.)에서 좌우로 45° 가량 벌어져야 한다. 이때 발끝이 45° 방향을 가리켜야 한다는 표현을 주로 쓰는데, 이는 발뒤꿈치의 한 가운데 점과 발가락의 한가운데 점(대개 둘째 발가락)을 이은 선이 45° 방향을 가리켜야 함을 의미한다.
사람에 따라 엄지발가락의 한가운데 점과 발뒤꿈치의 한가운데 점을 잇는 직선이 45°를 가리켜야 한다고 설명하는 경우도 있다. 이 경우, 발가락들의 한가운데 점을 기준으로 한 경우보다 다리가 좌우의 바깥쪽으로 약 4°~5° 가량 더 벌어지게 된다. 필자의 생각에 엄지발가락의 점을 이은 선을 기준으로 할 경우, 양 무릎과 발이 지나치게 벌어져 지속적인 수련을 할 때 무릎 안쪽 인대에 무리가 느껴지거나, 좌우로 급격한 이동을 할 때 순발력이 떨어질 수 있기에 대체로 발가락의 가운데 점, 즉, 둘째 발가락을 기준으로 하는 것이 더 적합할 것으로 여겨진다. 이는 좌 · 우품에서 내딛은 발의 방향을 설명할 때도 동일하게 적용된다.
한편, 원품에서 어깨 넓이의 기준이 되는 발의 지점은 대체로 발바닥 한가운데의 장심을 기준으로하나 입문단계에서는 발뒤꿈치를 기준으로 하는 것이 안정감이 있다. 발 앞부분을 어깨 넓이의 기준으로 할 경우는 발차기를 즐겨 사용하거나 빠른 움직임에 효과적이다. 그러나 몸의 안정된 중심을 기반으로 발차기와 걸이기술이 동시에 활용되어야 하는 택견의 관점에서는 보다 안정적인 자세가 필요하므로 발뒤꿈치나 발바닥 한가운데의 장심을 기준으로 어깨 넓이를 설정하는 것이 더욱 타당할 것이다.

When you do Won-poom, we discussed the open position of the feet. In Taekgyeon however we measure that angle from the middle of the back of your heel to the end of your second toe(next to big toe).
The reason this is mentioned is that some people think you use your largest toe. In that case you'd need to spread your feet 4 to 5 degrees wider. In the author's opinion, if you keep training in that mentality you will feel a strain in the ligaments on the inside of your knee. Also when you want to quickly move offside it could slow you down. For these reasons it is more appropriate to measure using your second toe. Even when doing Jwa-poom or Woo-poom assume the second toe as standard criteria when checking your position.
While we are discussing distance, when doing Won-poom make sure when you are measuring distance, think about the distance sole-to-sole, but for beginners heel-to-heel is more stable. Toe to toe is not bad if moving quickly or kicking in rapid succession, but in Taekgyeon mentality you need more stability for when executing leg hooking maneuvers and other more esoteric kicks. In that case sole-to-sole or even heel-to-heel make more sense.

(3) 저기치기

저기치기는 원품 상태에서 한쪽 다리를 뻗어 상대의 다리를 끌어오는 동작이다. 이 저기치기 동작을 활갯짓과 연계하여 사용하게 되면 덧걸이 및 안우걸이 등의 걸이기술로 활용하게 된다.

저기치기 동작은 세 단계로 이루어진다. 첫째, 원품에서 중심을 우측발로 이동한 뒤, 축이 되는 오른 무릎을 굽히며 자세를 낮추고 왼 다리를 앞으로 낮게(상대의 우측 오금 부위를 겨냥하여) 뻗어준다. 이때, 뻗어지는 발은 상대의 다리를 발뒤꿈치 부위를 사용하여 끌어당겨 오기 위해 바깥 방향으로 돌려진 상태여야 한다. 둘째, 축이 되는 오른 무릎을 튕겨 일어섬과 동시에 뻗어낸 왼다리의 무릎을 접어, 왼발 뒤꿈치가 우측 환도뼈(골반 뼈) 부위를 가볍게 때리는 느낌으로 당겨준다. 이때, 무릎은 뻗어졌을 때의 높이를 유지하고 발뒤꿈치만 당겨 올리도록 한다. 셋째, 왼다리의 힘을 풀며 원품 상태로 돌아간다. 그리고 이 저기치기를 비롯한 택견의 모든 다리 움직임들은 왼발을 먼저 시작하여 좌우를 번갈아 수련한다.

근래에 들어 저기치기를 할 경우, 축이 되는 다리의 무릎을 굽혔다 펴며 반동을 얻는 동작(굼실대기)을 생략하는 경우가 있다. 이는 저기치기의 고관절 스트레칭 효과를 높이고, 안정된 상태에서 상대의 다리를 끌어오는 다리의 힘을 기르는 효과가 있기 때문인 것으로 여겨진다.

1-1

1-2

2-1

(3) Juh-kee-chee-kee

This is hooking another's leg from Won-poom. You outstretch one leg and place behind your opponent's leg and pull inwards towards you, unbalancing or toppling him. If you use this technique with Hwahl-get-jit it becomes a Guh-ree(hooking skill to trip the opponent) such as : Duht-guh-ree, Ahn-woo-guh-ree, etc.

Juh-kee-chee-kee is composed of three steps. First, from Won-poom shift your weight slightly to your right side and bend your knee slightly. Your left leg extends to the back of your opponent's knee with your foot turned outwards allowing you to hook and pull more effectively. Secondly, your right knee quickly straightens as you pull inwards with the other leg. The left heel should be pulled up as if you are hitting your right hip joint. Thirdly, relax your left leg and go back to Won-poom. All leg movements start with the left leg and you practice back and forth between the left and right sides.

> There are cases where some don't follow this rule. That means they don't use Goom-shil. This term is the act of straightening of the knees(of propping legs) from a bent position. The reason it is often neglected because it is considered more effective for hip joint stretching and to develop more power.

2-2

3-1

3-2

그러나 저기치기를 손과 발이 어우러지는 걸이 기술의 다리 부분 동작으로 이해하고 저기치기의 수련을 통해 정확하고 효과적인 덧걸이 등의 걸이 기술의 다리 움직임을 익히기 위해서는 축이 되는 다리의 무릎 반동을 반드시 동시에 연습하여 주어야 한다. 이는 걸어 당기는 다리와 굽혔다 일어서는 축이 되는 다리의 반동이 동시에 작용함으로써 두 힘의 합력을 통해 더욱 큰 힘을 낼 수 있기 때문이다(그림. 합력 / resultant force).
또한 저기치기에서 중요한 것은 걸이를 위해 뻗은 다리가 반드시 상대의 오금을 겨냥하여 낮게 뻗어진 후, 자신의 고관절 높이로 올라오도록 당겨 올려야 한다는 것이다. 이는 상대의 다리를 그냥 걸어 당기는 것이 아니라 당겨 올림으로써, 지면에서 버티는 상대의 마찰력을 줄여주는 동시에 상대의 중심을 띄워 효과적인 걸이 기술을 구사하기 위함이다(그림. 마찰 / Friction).
또한 뻗어지는 다리는 그 엄지발가락의 방향이 바깥쪽을 향하도록 눕혀져야 한다. 이는 상대의 다리를 걸어 당겨오기 위한 움직임을 정확하게 구사하기 위한 것이다. 만약, 발가락이 하늘을 향하도록 뻗어준다면, 무릎을 구부릴 때 발뒤꿈치가 고관절이 아닌 바닥으로 향하게 되기 때문이다. 이를 위해서는 다리를 뻗을 때, 발목을 틀어주는 것이 아닌 허벅지를 바깥쪽으로 회전시켜주는 움직임이 필요하다 (그림. 다리각도 / leg angle).

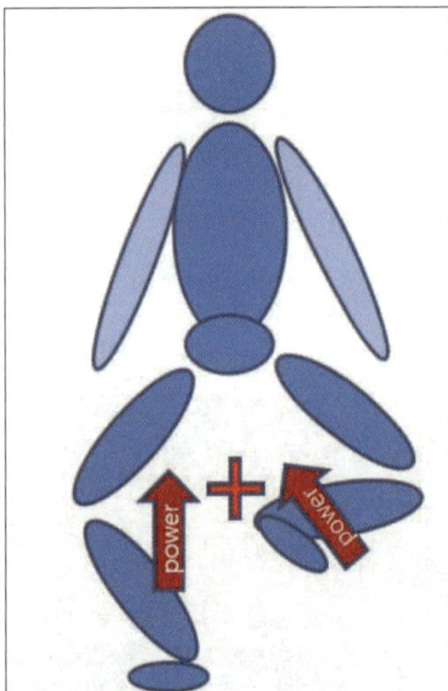

합력(Resultant force)

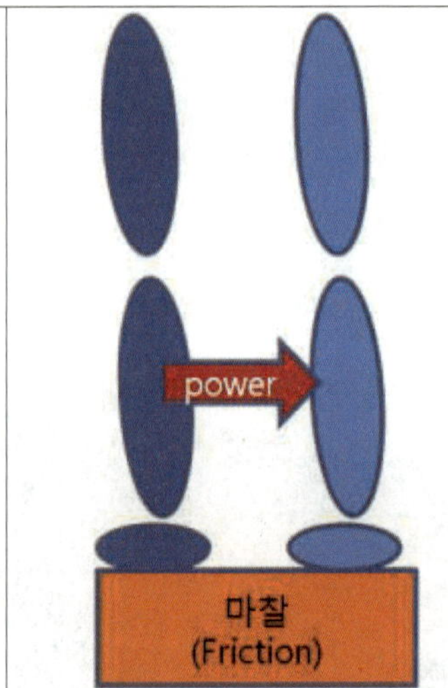

마찰(Friction)

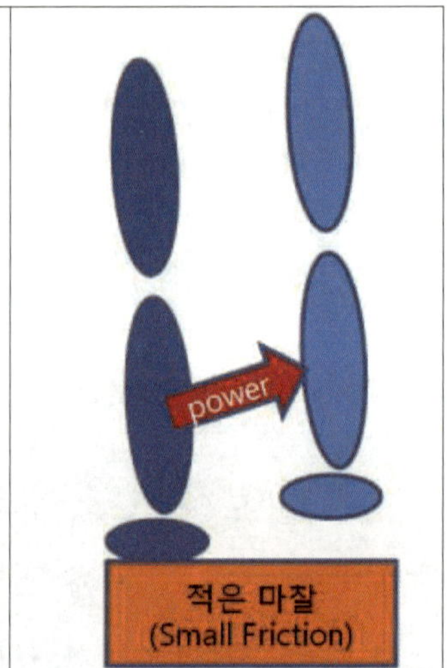

마찰(Friction)

However, consider it a part of Guh-ree technique where your hands and feet move together and to get down the leg principles of Guh-ree you had better practice with Goom-shil. This is because when the supporting leg and the hooking leg work simultaneously there is much greater power as a result(figure. 합력 / resultant force).
Another point in doing Juh-kee-chee-kee is to make sure the hooking leg targets your opponent's crook of the knee. Then pull up to your opposing hip joint(or as close as possible). This is more than just a "hook and pull", it is a "hook-pull upwards" to reduce your opponent's frictional force and disrupt their balance. This allows more effective techniques to follow(figure. 마찰 / Friction).
When extending your foot, which is turned outwards, make certain the side of your big toe is facing upwards. This ensures accurate motions when attempting to hook a leg. If your tips of your toes are pointed upwards, then the heel is pointed at the ground, making a very poor hooking tool. In addition when performing the movements accurately you should turn your thigh to the outside allowing easier movement of the foot(figure. 다리각도 / leg angle).

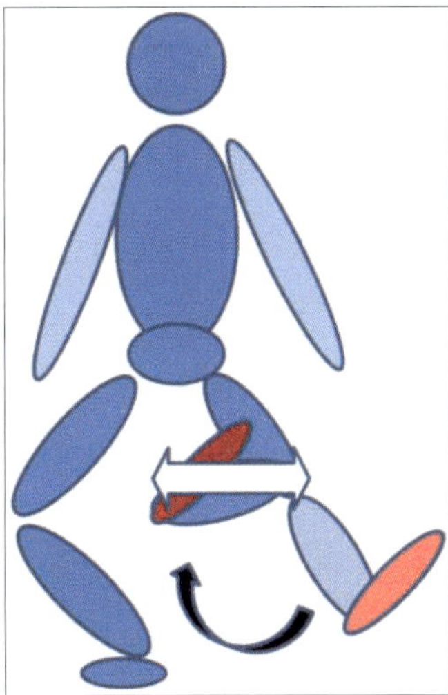

다리각도(leg angle) - 1

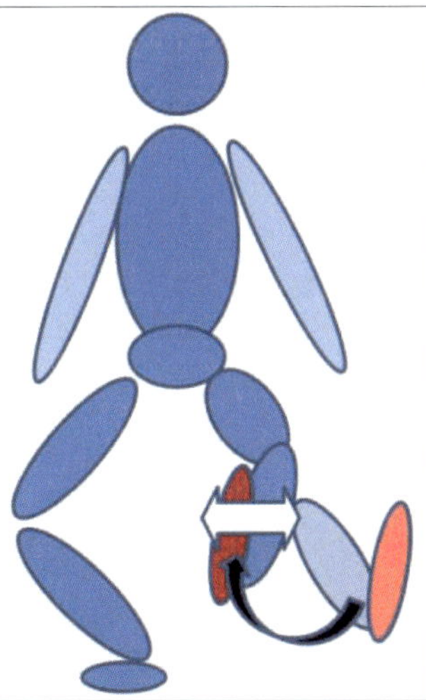

다리각도(leg angle) - 2

1 : 상대 다리를 걸기에 충분한 폭과 각도
(enough space to hook)

2 : 상대 다리를 걸기에 좁은 폭과 각도
(narrow space to hook)

이 때 발목 부위는 아래에서 위로 당겨져야 하지만, 무릎 위의 부위는 처음 뻗어진 각도(상대의 발목을 겨냥한)를 유지해주어야 한다. 당겨 올릴 때 무릎 위 부분까지 같이 끌려 올라오게 되면 상대의 다리를 걸기 위한 자신의 다리가 위를 향해 세워지게 되면 이는 상대의 다리가 내 허벅지에 부딪혀 이를 놓치게 되기 때문이다.
끝으로 저기치기를 함에 있어서 굼실거리는 힘(굽혔다 펴는 반동)을 얻기 위한 축이 되는 다리의 움직임은 반대로 자기 자신의 몸을 점프하듯이 위로 밀어 올리는 역할을 하게 된다. 즉, 한 다리로 점프를 하게 되는 효과가 나타나는 것이다.
그러나 이렇게 저기치기를 하며 자신의 몸이 튕겨 오를 경우, 그 높이가 비록 1~2mm에 불과할지라도, 혹은 거의 튕겨 오르지 않더라도 전체적인 몸의 중심이 공중으로 들뜨게 되는 효과가 생겨 중심의 안정성을 잃어버리게 된다. 이를 방지하기 위해서는 다리를 굼실거릴 때, 그 발뒤꿈치를 땅에 박아 넣는다는 느낌을 갖고 연습하는 것이 중요하다. 즉, 내 몸은 저기치기 첫 단계의 높이에 고정되며, 굽혔다 펴는 축이 되는 다리의 움직임은 내 몸을 일으켜 세우는 것이 아니라 축이 되는 다리의 발뒤꿈치를 땅속으로 밀어 넣는 역할을 한다고 생각해야 하는 것이다. 이를 통해 자신의 중심이 튕겨 들뜨는 것을 방지할 수 있다.

* **굼실거리기(굼실대기)** : 택견에서 서있는 다리의 무릎을 낮추었다 높이며 무릎 반동을 얻는 동작 혹은 그 움직임을 의미한다. 농구 등의 스포츠에서 점프 직전에 반동을 얻기 위해 무릎을 살짝 굽혔다 튕겨주는 동작과 동일하다고 볼 수 있다. 이 굼실거리기를 통해 축이 되는 다리의 반동을 걸이 및 차기 기술에 필요한 힘으로 활용할 수 있으며, 동시에 굼실대기를 통해 골반의 움직임을 극대화함으로써 택견의 뱃심(골반을 이용한 운동 에너지)을 적절히 활용할 수 있게 된다.

When pulling upwards be careful to make sure that the angle your thigh was in upon extension remains the same upon contraction. If not, when your opponent's leg is pulled in you could collide with him and lose his leg or perhaps your own balance.
Lastly, when performing Juh-kee-chee-kee, the movement of the supporting leg when doing Goom-shil is that of pushing your body upwards as if you were jumping. In other words jumping with one leg.
When you spring up even slightly still your center of balance rises and makes you unstable. To compensate for that, when you do Goom-shil work with the feeling of digging into the ground at the same time. This will allow you to keep the balance.

* **Goom-shil-guh-ree-kee (Goom-shil-dae-kee)** : This is in Taekgyeon, means after your bend your knees you stand upright for the purpose to obtain momentum. In basketball you bend your knees slightly to get a reaction. Through Goom-shil the reaction of your supporting leg to aid in the power necessary for hooking or kicking techniques. At the same time through this concept you maximize the energy possible from your hips.

(4) 활갯짓

택견의 모든 손 및 팔의 움직임을 일컫는 활갯짓은 사전적으로 '사람이 활짝 펴서 움직이거나 벌린 두 팔과 두 다리', '새가 날개를 폈을 때의 두 날개를 이르는 말'인 '활개'와 '몸이나 몸의 일부를 놀려 움직이는 행동이나 행위를 나타내는 말'인 '짓'이 합쳐진 말로 볼 수 있다. 이 두 단어의 합성어인 '활갯짓'은 사전적으로 '걸을 때 두 팔을 힘차게 앞뒤로 내젓는 짓', '새가 두 날개를 퍼덕이는 짓'을 의미하며, 택견의 모든 팔의 움직임을 이르는 말이기도 하다.

이 활갯짓은 이를 활용하는 기술이나 사람에 따라 다양한 형태로 나타나나 대체로 긁기, 제치기, 헤치기, 치들기를 기본 동작으로 하여 파생된 형태를 이룬다.

(4) Hwahl-get-jit

This encompass all the hand and arm techniques in our art.

Hwal-get-jit comes from a combination of the words 'Hwahl-gay' and 'Jit'. 'Hwahl-gay' can be defined in the dictionary as 'outstretched bird wings' or 'a person's arms or legs open wide'. 'Jit' is 'moving your body'. These techniques can vary depending on the practitioner or the maneuver being attempted. Usually the basic skills are Guhl-kee, Jay-chee-kee, Hay-chee-kee, and Chee-duhl-kee. From those basic skills there are many variants.

① 한 손 굵기

굵기 동작은 활갯짓에 속하는 기본 동작으로 한 팔을 들어 바깥에서 안쪽으로 긁어 들이는 동작이다. 이는 상대의 목을 안으로 잡아끌거나, 상대의 공격을 밖에서 안으로 들어오는 팔의 움직임을 이용하여 반대편으로 밀어내기 위한 동작이다.

굵기 동작은 기본적으로 어깨 높이에서 시작하며 세 부분으로 구분할 수 있다. 첫째, 원품 상태에서 양 무릎을 낮추며 왼팔을 어깨 높이까지 들어올린다. 이때, 손가락은 사이가 벌어지지 않도록 붙여주며, 팔의 전체 방향은 좌측 45°를 향하도록 들어올린다. 둘째, 굽혔던 무릎을 펴며 왼팔 전체를 우측 어깨 45° 전방까지 안쪽으로 밀어 당긴 후, 자연스럽게 팔꿈치와 손목을 굽혀 손끝이 반대편 어깨에 닿도록 구부린다. 이때, 무릎의 굼실대기의 탄력과 팔을 당겨주는 힘이 조화를 이루도록 한다. 셋째, 왼팔의 힘을 풀어 늘어뜨리며 편안히 원품자세로 돌아온다. 그리고 이 굵기를 비롯한 택견의 모든 팔의 움직임은 왼쪽부터 시작하여 번갈아 수련한다. 이는 음과 양을 조화시키고자하는 의미를 담고 있다.

굵기의 정확한 명칭은 '활갯짓 한 손 굵기'이나 대체로 편의상 굵기라 칭한다. 굵기는 활갯짓에 속한 동작으로서 '활갯짓 한 손 굵기'는 활갯짓 중 한 손으로 굵기를 한다는 의미이다.

1-1

1-2

2-1

① Han-sohn Guhl-kee

Guhl-Kee is one of the basic movements of Hwahl-get-jit. Raise one arm with hand held outwards at shoulder level 45 degrees to the side. Then move your arm from outside to inside and pull inwards with your wrist. Imagine grabbing your adversary's neck and pulling. Also you can envision if someone tries to attack you block a strike by pushing it away.

As mentioned it starts at shoulder level and it can be divided into three parts. First stand on Won-poom. Raise your left arm 45 degrees to the side at shoulder level while you are bending both knees slightly. All fingers must be closed(not the thumb). Secondly, straighten your legs and pull your arm inwards(palm leading) till 45 degrees on the inside of the right shoulder. Bend your elbow and wrist inwards(at your centerline) until you touch your shoulder. Remember to be sure that the Goom-shil and the pulling of the arm are in harmony with one another. Thirdly, relax your left arm and let it fall back to your side as you go back to Won-poom. All arm movements go back and forth starting with the left. This encourages harmonization like you see in Yin and Yang.

> The full name of Guhl-kee is actually Hwahl-get-jit Han-sohn(1 hand) Guhl-kee. This means to use one hand to perform the technique.

2-2

2-3

3-1

굵기를 비롯한 모든 활갯짓에서 손은 손가락 사이를 모두 붙인 후 반듯하게 편 상태를 유지해야 한다. 손가락이 벌어질 경우, 상대의 공격이나 옷자락 등에 손가락이 끌려 들어가 다치는 경우가 많이 발생한다. 또한 손목은 깃털처럼 아무런 힘이 없는 상태를 유지해야 한다. 따라서 굵기의 경우, 팔이 안으로 밀어 당겨질 때, 손바닥에 걸리는 공기의 부하와 관성으로 인해 손목이 자연스레 반대방향으로 젖혀져야 하며, 팔을 밀어 당기는 동작이 끝난 후에는 관성에 의해 자연스레 안으로 굽어져야 한다. 이를 통해 굵기가 모두 끝날 무렵에는 손끝이 반대편 어깨에 닿을 수 있게 된다.
이러한 반듯한 손 모양과 손목의 깃털과 같은 움직임은 상대의 목이나 공격이 자신의 팔목에 걸렸을 경우, 무의식중에 손을 이용해 이를 감아 챌 수 있는 바탕이 된다. 더불어 택견의 활갯짓은 손바닥과 손가락을 이용하여 상대의 목이나 공격을 움켜잡고 막는 것이 아닌 손목이나 팔의 팔뚝 부분을 활용하고 손을 이용해 감아 채는 것으로써, 이를 위해서는 위와 같은 손과 손목의 움직임이 필수적이다.
또한 굵기를 설명함에 있어서 밀어 당긴다는 표현을 사용한 이유는 굵기가 팔을 편 상태에서 상대의 목이나 공격을 내 몸의 한쪽 측면에서 반대쪽 측면으로 밀어 내보내거나 잡아채는 동작이기 때문이다. 이를 숙지하지 않을 경우, 굵기를 하는 팔이 펴진 상태에서 충분한 동작을 펼치지 못하고 미리 팔이 굽혀지게 됨으로써 상대의 목을 잡아 끌거나 밀어내는 굵기의 목적을 충분히 이루어 내지 못하게 된다(그림. 밀어 당기기 / Push-pull).
한편, 굵기와 같은 활갯짓의 동작에서도 팔의 움직임과 다리의 굼실거리는 탄력을 조화시켜 팔의 힘과 다리 힘의 합력을 만들어 냄으로써 보다 강력한 힘을 낼 수 있다. 따라서 굵기를 비롯한 활갯짓의 수련에 있어서도 필요한 힘을 사용할 때, 단순히 팔 힘만이 아닌 굼실거리기의 탄력을 활용하고자 하는 지속적인 노력이 필요하다.

ALL hand techniques must use an open hand with closed fingers. If your fingers are spread your opponent's attack could damage your fingers or your fingers could be damaged in his clothing.
Another important point is that your wrist must be relaxed and pliable. As you pull your hand inwards the resisting air pressure naturally pushes your fingers backwards. When you pull it into your opposite shoulder, inertia force pulls the fingers back into a normal position allowing your fingertips to touch your shoulder.
The unique palm position in this technique allows one to easily hook or control an adversary. You use the inside of your forearm or wrist to make contact with the intended contact and the hand hooks the target. Far from a simple grab. The flexible hooking / snatching motion itself needs careful attention.
When you are 'pulling' your arm initially, it is more of a 'push-pull' effect. Imagine as you are initially moving your arm you are in a way pushing your arm into the opposing target and then pulling it into you. If you don't understand you might make an error of pulling too soon, resulting in a poorly executed technique(Figure. 밀어 당기기 / Push-pull).
When you do hand techniques like this one be sure to harmonize the motions with Goomshil to maximize results.

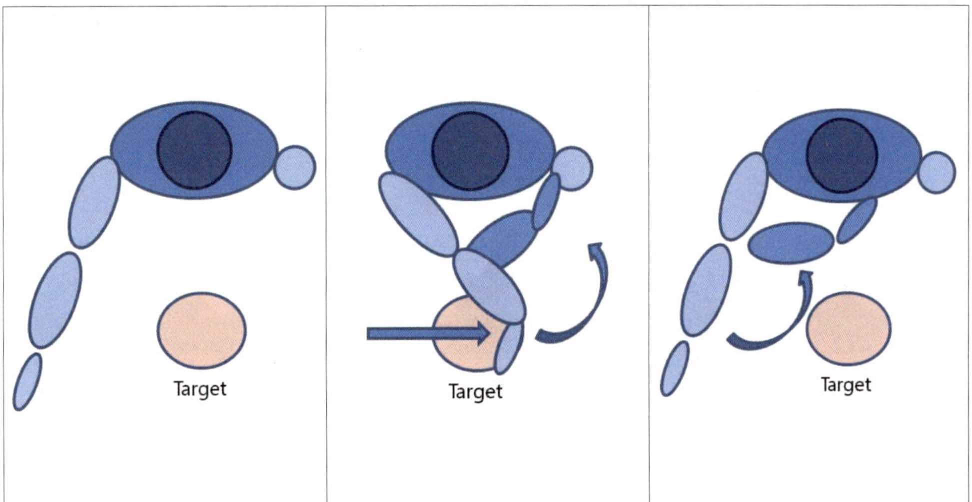

긁기 / Guhl-kee	밀어 당기기 / push-pull	당기기 / just pull

② 한 손 제치기

활갯짓의 기본 동작 중 하나인 제치기는 한 팔을 들어 안쪽에서 바깥쪽으로 밀어내는 기본 동작이다. 이는 상대의 공격을 자신의 몸 바깥 방향으로 밀어내듯이 방어하거나 상대의 목이나 어깨 등을 자신의 중심에서 사용하는 팔의 바깥 방향으로 밀어내기 위한 동작이다. 제치기 동작은 긁기와 마찬가지로 총 세 동작으로 구분할 수 있는데, 이는 긁기의 역순으로 생각하면 이해하기 쉽다.

첫째, 무릎을 굽히며 왼 팔을 자신의 우측 몸통 선을 타고 우측 어깨 관절 안쪽까지 들어올린다. 둘째, 굽힌 무릎을 펴는 탄력을 활용하여 왼 팔을 오른쪽 어깨 앞으로 편 후, 팔을 편 채로 좌측 45° 방향까지 밀어 제친다. 이때 손목은 공기의 저항을 받은 깃털처럼 오른쪽을 향해 굽혀져 있어야 하며, 좌측 45° 방향에서 팔을 멈출 때 자연스레 좌측으로 젖혀져야한다. 셋째, 왼 팔의 힘을 빼며 자연스럽게 팔을 내린다. 이러한 동작을 좌우 번갈아 수련해야 한다.

1-1

1-2

1-3

② Han-sohn Jay-chee-kee

Another one of the basic hand / arm techniques is pushing an attack away from the inside to the outside. It can also be pushing on someone's neck or shoulder to force them away from you. Like the previous technique it can be divided into three steps. An easy way to remember this is to envision a reverse Guhl-kee.

First, slightly bend your knees and raise your left arm along the front of the right side of your body up to your shoulder. Second, stand straight and use that 'elastic' force and stretch the arm straight out in front of you. Then push the resulting target out of your way with your arm finishing at a 45 degree angle. When the hand is first pushed / extended forward the wrist should be bent to the right as a feather resists air. At the end of the swatting motion your wrist should bend to the left. Thirdly, relax your left arm and let it gently fall to your side as you return to Won-poom. Repeat on the other side.

2-1

2-2

2-3

활갯짓을 비롯한 택견의 공격과 방어를 비롯한 동작과 관련 개념들은 대체로 자신의 신체의 좌우 45°를 기준으로 삼게 된다. 이 좌우 45°는 상대의 공격을 효과적으로 방어하기 위한 적절한 방어의 폭이자 자신이 공격을 하기 위해 상대를 겨냥하는 공격의 방향이 된다.

방어의 폭이 자신의 정면에서 좌우 45°의 범위에 미치지 못할 경우, 상대의 공격은 그대로 자신의 좌우측 몸통에 닿게 되며, 45°를 넘어갈 경우는 자신에게 도달하지 않는 상대의 움직임이나 공격까지 방어의 범위에 넣게 되는 비효율적인 움직임이 생겨난다. 공격의 경우에도 상대를 자신의 전방 45° 이내에 두고 움직여야 상대를 지속적으로 겨냥할 수 있으며 쉽게 공격을 위한 동작을 취할 수 있고 자신의 힘을 상대에게 전달하는데 무리가 없게 된다. 물론 공격의 경우는 상대를 45° 이내의 범위에 넣어놓고 공격을 시작하여 실제로 힘을 쓸 때는 이보다 작은 폭에서 힘을 사용하는 것이 효과적이다. 그러나 이 45°를 넘게 되면 매우 비효율적인 힘의 낭비가 나타나게 된다. 실제로 이 45°를 넘는 범위에서 상대의 목 등을 잡고 안으로 당기거나 밖으로 밀기위한 힘을 가할 경우, 어깨의 관절과 근육에 무리가 가며 힘을 쓰기 쉽지 않음을 경험할 수 있다(그림. 활갯짓 폭 / arm range).

한편, 택견에서의 혼자 익히기는 상대가 자신의 정면에 선 상태를 가정하고 수련을 하게 된다. 이때 활갯짓 한 손 긁기나 제치기를 함에 있어서 중요한 점은 활갯짓에 사용하는 팔이 완전히 펴진 상태에서 자신의 정면을 지나쳐야 한다는 것이다. 즉, 긁기의 경우는 팔이 펴진 채로 자신의 정면을 긁을 수 있어야 하며, 제치기의 경우에도 팔이 펴진 채로 자신의 정면을 지나가야 상대와 적절한 거리에서 상대의 목을 제압하거나 공격을 방어할 수 있게 된다. 긁기에서 팔이 지나치게 빨리 굽혀지거나, 제치기에서 팔이 너무 늦게 펴지게 되면 자신의 정면에 있는 상대의 신체나 공격에 닿지 않은 채, 손이 자신의 몸에 붙어 이동하게 되고, 이는 활갯짓의 주목적을 이루지 못하는 결과가 된다.

All the concepts of movements of attack and defense usually are done at 45 degrees to the right or the left. The distance between the two points is the optimum range for the purposes of effective attacking and defending.
If your defense zone is smaller than that an attack to your body can be struck easily. On the reverse if you consider a zone larger than 45 degrees it is a waste for one opponent. The same thing goes for attacking. However although you start within that 45 degree range, you had better close the range quickly to ensure a more decisive strike. If the attacking range becomes wider than 45 degrees, your shoulders and muscles will get overcharged(-figure. 활갯짓 폭 / arm range).
In Taekgyeon solo training you assume your opponent is right in front of you. When you do hand techniques as what we have covered, the important thing is that your arms are fully outstretched and pass by your centerline so you can attack or defend at the proper distance. If you pull in too early when you do Guhl-kee or push out too early in Jay-chee-kee you've basically failed in the purpose of Hwahl-get-jit.

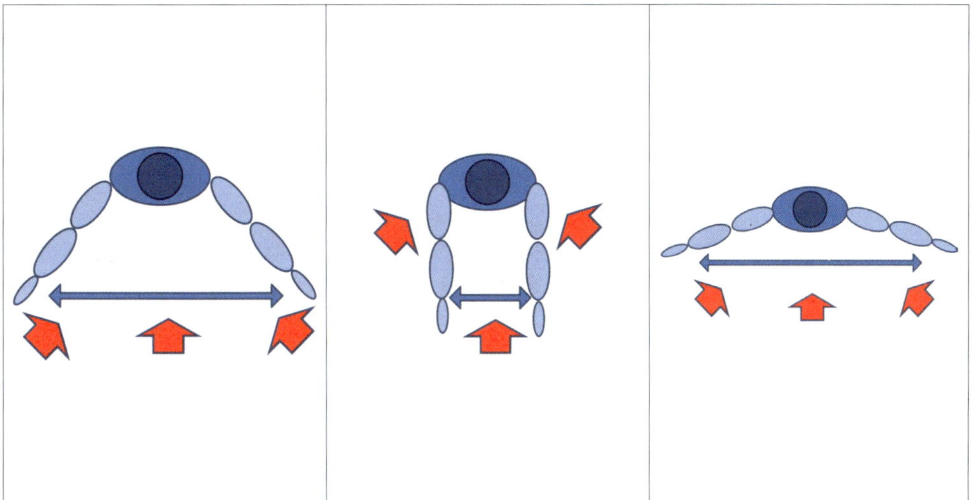

활개짓 폭 / arm range	좁음 / too narrow	넓음 / too wide

③ 한 손 헤치기

활갯짓 한 손 헤치기는 자신의 허리 높이에서 팔을 안에서 밖으로 휘둘러 상대의 공격을 막거나 상대의 몸통을 밀어내는 동작이다. 헤치기의 경우는 머리 부위에 대한 높은 발질이나 옆구리에 대한 후려차기 등의 회전력에 바탕을 둔 공격과 달리 곧은 발질과 같이 복부를 향한 직선형태의 공격을 막는데 그 중점을 둔다. 따라서 헤치기는 상대적으로 강한 힘을 필요로 하게 되며, 이를 위해 몸통을 회전시키는 허리힘과의 조화가 매우 중요하다.

헤치기 역시 대체로 세 부분으로 동작을 구분할 수 있다. 첫째, 무릎을 굽혀 자세를 낮추며 몸통을 감싸듯 왼팔을 뻗어 왼손이 오른쪽 골반의 허리띠 위치에 오도록 한다. 왼손이 골반에 도달해서 멈추었을 때 왼 손목은 젖혀진 상태가 되어야 하며 몸통은 자연스럽게 오른쪽으로 틀어져야 한다. 둘째, 무릎을 펴는 탄력과 몸통을 반대로 펴주는 허리의 회전력을 활용하여 왼 팔을 쭉 편 채로 왼쪽 골반 45° 앞까지 휘둘러준다. 이때 왼손은 자신의 허리띠 높이의 책상을 크게 원을 그리며 닦듯이 움직여야 하며, 왼팔과 몸통은 45°를 유지해야 한다. 셋째, 왼 팔의 힘을 풀며 자연스럽게 내려준다. 이러한 동작을 좌우를 번갈아 연습해야 한다.

1-1

1-2

1-3

③ Han-sohn Hay-chee-kee

Where Han-sohn Jay-chee-kee is done with your arm raised, this is done at waist level. Once again you are blocking an attack by pushing it away from the inside to the outside. Also you could push him away.

You can divide it roughly into 3 movements. First, lower your body by bending your knees, then stretch out your left arm as if you are going to embrace yourself. As your arm comes around your hand should reach around near(but not touch) your waist on the right side. Your hand must bend backwards slightly at the end movement. As well your torso should naturally follow the motion of your left arm and twist slightly to the right. Second, straighten upwards and turn back to the front(facing forwards). Use that momentum as you swing from the outside inwards in a circular fashion(with a straight arm) and block with your palm facing downwards. Remember this done at waist level with your arm held at 45 degrees from your body. The motion should resemble wiping off a school desk or table in front of you. You should stop when your hand is 45 degrees away from your left side. Lastly, relax your left arm and let it naturally fall to your side. Repeat all these steps, but with the right arm.

2-1	2-2	2-3

제치기 역시 자신의 안에서 밖으로 팔을 휘둘러 내는 동작이지만, 헤치기의 경우는 복부의 방어 및 상대의 몸통을 밀어내기 위한, 상대적으로 낮은 위치의 동작이라는 점에서 차이가 난다. 헤치기와 같이 상대적으로 낮은 복부 공격을 막는 동작과 상대의 몸통을 밀어내는 동작은 상대의 목을 제압하거나 높은 공격을 막는 동작들과 달리 보다 큰 힘을 필요로 하는데 이 경우, 허리힘과의 조화가 매우 중요한 역할을 하게 된다. 즉, 헤치기는 팔 자체를 움직이기 위한 동작과 힘보다는 허리의 회전력을 전달할 수 있는 굳건한 팔의 모양새 유지가 중요하다고 볼 수 있다. 나아가 허리의 회전력과 다리의 굼실거리는 탄력을 팔의 움직임과 조화시켜 팔로 밀어낸다기보다는 몸으로 밀어낸다는 느낌을 갖는 것이 중요하다.

또한 많은 사람들이 헤치기를 수련하고 활용하는데 있어 자주 실수를 하는 부분은 헤치기를 하는 팔을 지나치게 몸통에 붙인다는 점이다. 이러한 실수는 주로 겨드랑이 사이를 꼭 붙인 채 헤치기 동작을 하기 때문에 나타나게 되는데, 이 경우, 팔과 몸통이 이루는 각도가 45°가 될 지라도 몸통과 헤치기를 하는 팔의 거리가 지나치게 가까워지게 된다. 헤치기를 하는 팔과 몸통의 거리가 가까워지게 되면 복부를 노리는 상대의 공격을 막아내기 위한 충분한 간격이 사라지게 되고 상대를 밀어내는 경우에도 그 효과를 볼 수 없게 된다. 따라서 헤치기 동작을 할 경우는 겨드랑이 사이에 테니스공이 들어있다는 느낌으로 겨드랑이를 열어 준 후 헤치기 동작을 해야 한다.

You have done Jay-chee-kee before. You swing your arm from the inside to the outside. Hay-chee-kee is different whereas it protects your stomach and pushes an opponent's body away as opposed to the neck or head. Therefore much more power is needed. The importance of the turning at your waist with the rest of your body cannot be overemphasized.
Hay-chee-kee is not for blocking high attacks or kicks like Hoo-ryuh- cha-kee that use momentum. It is used most often straight or thrusting kicks to the stomach or lower abdomen. Therefore this technique requires greater power. To be able to do this properly you must be harmonized with your waist and lower abdomen as you need to rotate your body as you block. This technique is not just a strong arm movement; the straightness of the arm and the angling of the maneuver are integral so the momentum from the twisting at your waist is not diluted. In other words the rotation of your body works with the energy of rising from Goom-shil and harmonizes with the outward swing to produce maximum effectiveness.
A common mistake made during training is having the arm too close to the body during the outside swinging movement. If this occurs there isn't enough space to safely block a kick or effectively push someone away. When practicing imagine you have a tennis ball under your armpit to help you keep the distance.

(5) 품밟기

앞서 설명한 택견의 품 즉, 좌품, 우품 및 원품을 번갈아 딛는 동작을 품밟기라 칭한다. 그리고 이 품밟기 과정에서 나타나는 발자국의 모양이 한자의 물건 품(品)자와 유사하다는 이유에서 품밟기라는 이름이 유래된 것으로 여겨진다.

품밟기는 택견의 구성요소 3가지 중 단연 으뜸으로 공방에 있어서 택견의 독특한 몸짓을 나타내는 발놀림이다. 굼실대며 율동적인 택견의 몸짓을 구사하기 위해서는 이 품밟기가 원활해야한다. 품밟기는 기량의 향상이 눈에 보이지 않기 때문에 상당히 지루한 수련과정이지만 지속적으로 끊임없이 수련해야만 본인이 원하는 자신만의 품을 밟을 수 있게 된다.

품밟기는 택견의 기본 스텝으로 내밟기와 길게 밟기, 째밟기의 세가지 기본형으로 이루어진다. 이 중, 내밟기의 수련이 가장 주가 되며, 이 내밟기를 앞뒤로 이어붙인 형태가 길게 밟기, 좌우로 늘인 형태가 째밟기가 된다. 길게 밟기와 째밟기가 내밟기의 응용에 가까운 형태라는 점에서 대체로 품밟기라 하면 이 내밟기를 지칭하는 경우가 많다. 대신 길게 밟기와 째밟기는 반드시 '길게 밟기' 혹은 '째밟기'라고 부른다.

(5) Poom-bahl-kee

Poom-bahl-kee simply is going back and forth doing previously mentioned steps that make up Taekgyeon's 'Poom' such as Jwa-poom, Woo-poom and Won-poom. If these three stances were practiced together in the sand they would resemble the Chinese character Poom '品', hence that is where many hypothesize Poom-bahl-kee got its name.

Poom-bahl-kee is the important of the three elements of Taekgyeon. It is Taekgyeon's featured stepping and is very unique. To be able to exhibit Taekgyeon's rhythmic movements, the Poom-bahl-kee has to be very fluid. It is a skill that is hard to notice improvement with, so it is very long tedious sometimes in practice. However it is necessary to do your own Poom-bahl-kee.

Poom-bahl-kee is the basic footwork of our art. There are three basic steps you need to learn which are Nae-bahl-kee, Keel-gay-bahl-kee and Jae-bahl-kee.

Out of the three steps, Nae-bahl-kee is the most important. If you do this step forwards and backwards it becomes Keel gay bahl-kee. If you choose to do it left to right it then becomes Jae-bahl-kee. Therefore the second and third style of stepping are variations of Nae-bahl-kee. When people talk of Taekgyeon stepping in general 9 times out of 10, they are talking about Nae-bahl-kee.

① 품 내밟기

택견의 가장 기본적인 스텝인 내밟기는 원품 상태에서 좌우의 두발을 번갈아 앞으로 내딛는 동작이다. 내밟기는 대체로 세 부분으로 구분될 수 있으며, 동시에 세 박자의 리듬감을 갖고 수련할 필요가 있다. 대체로 택견을 지도하는 대부분의 지도자들은 원품상태에서부터 품밟기를 설명하였으나, 그 경우 첫 동작의 박자가 미묘하게 길어지게 되므로 이 책에서는 좌품상태에서부터 품밟기를 설명하도록 한다.

첫째, 내밟기를 구성하는 첫 번째 부분은 좌품이다. 원품상태에서 양 발의 장심을 이은 직선을 정삼각형의 밑변으로 간주한다. 그 밑변의 한가운데에서 정삼각형의 꼭짓점을 통과하는 수직선을 상상한다. 그리고 원품상태의 왼발을 들어 밑변의 이등분 지점을 지나 왼발의 장심을 정삼각형의 꼭짓점에 내딛은 상태가 내밟기의 '하나' 즉, 첫째 박자이자 첫 구분동작이 된다. 이때 축이 되는 오른 다리는 무릎이 40°~45° 정도 굽혀진 낮은 자세를 유지해야하며, 왼발 역시 오른발에 맞추어 굽혀져야 한다. 한편, 상체는 축이 되는 오른 발 위로 곧게 서 있어야 한다. 이를 위해서는 척추를 곧게 세운 후, 상체 전체가 수평으로 오른 발 장심을 향해 이동해야 한다.

둘째, 앞으로 내딛은 왼발을 밑변의 한가운데 점으로 끌어온다. 이때 체중은 온전히 오른발 위에 있어야 하며 왼발은 바닥을 스치듯 움직여야 한다. 이때가 '둘' 즉, 두 번째 박자이자 두 번째 구분동작이 된다. 이때 축이 되는 오른 다리는 무릎이 40°~45° 정도 굽혀진 낮은 자세를 유지해야 한다.

1-1

1-2

2-1

① Poom Nae-bahl-kee

This is the most basic stepping sequence in Taekgyeon. It is the movement where you step left or right from Won-poom. Like other moves it can be divided into 3 parts, so you need to train with a certain rhythm. In music you can have 3/4 time. That is the timing you need to keep it in mind. Most instructors explain Poom-bahl-kee from Won-poom. The problem with that is that there is a tendency for the steps to take slightly longer time. To alleviate that problem from the outset, this book will start with Jwa-poom.

The first part of Nae-bahl-kee is Jwa-poom. Imagine when you are standing in Won-poom that there is an imaginary line connecting the center points of the soles of the feet. Think of that as the base of a triangle. Now imagine the triangle as a whole. Then divide it down the middle with a center line. Now lift your left foot slightly and almost glide it towards the centerline at the base and step forwards, then put down your foot(focusing on the center of your sole) at the point at the top of the triangle. That's the first beat in the rhythm. The rear leg should be 45 to 50 degrees bent. The front(and supporting leg) is bent accordingly. Note that your upper body should be in line with your back foot(your spine and tailbone should be in line with the sole of your foot).

2-2

3-1

3-2

셋째, 왼발을 원품의 위치에 내딛으며 동시에 몸 전체의 무게중심을 왼발로 옮긴다. 이후에 왼발을 축으로 오른 발을 당겨와 정삼각형 밑변의 중앙에 위치시킨다. 이때가 '셋' 즉, 세 번째 구분동작이자 세 번째 박자이다. 이때 축이 되는 왼 다리는 무릎이 40°~45° 정도 굽혀진 낮은 자세를 유지해야 한다. 이 셋째 동작에서 우품으로 오른발을 내딛는 것이 새로운 '하나', 즉 새로운 품밟기의 시작이 된다.

* 위 사진에서는 품밟기의 이해를 돕기 위하여 '셋'의 경우, 원품으로 돌아간 형태까지만, 즉 셋 동작의 반 정도만 보여주었다.

좌품에서 왼발을 내딛은 정삼각형의 꼭짓점 위치는 밑변으로부터 대략 발 하나 반 즉, 한 족장 반이 더 나간 지점이 된다.
첫 동작인 좌품의 경우, 몸의 무게중심은 내딛은 왼발에 30%, 축이 되는 오른발에 70% 정도를 배분한다. 30%의 무게중심이라 함은 얼음판에서 강도를 측정하기 위해 왼발을 디뎌보는 정도의 힘을 이해할 수 있다. 즉, 대부분 체중이 오른발에 있는 상태에서 얼음이 깨지더라도 얼른 왼발을 회수 할 수 있는 정도의 무게중심 배분을 말한다.
이러한 무게중심의 배분 속에서 바른 상체를 유지하기 위해서는 골반의 이동이 매우 중요하다. 골반이 축이 되는 발 위로 온전히 이동하지 못하면 상체가 좌우로 기울게 되는데 이는 상체의 근육을 긴장시켜 원활한 움직임을 방해한다. 또한 상대의 공격에 쉽게 중심을 잃어버리는 빌미를 제공한다. 따라서 항상 골반이 좌 · 우로 이동해야 한다는 사실을 명심할 필요가 있다.
좌 · 우품의 경우는 앞서 설명한 바와 같이 몸이 자연스럽게 좌우 각 방향으로 약 15°방향으로 틀어지게 된다. 이는 자연스럽게 상대의 공격으로부터 내 몸의 중심선을 보호할 수 있도록 한다. 그러나 품밟기를 수련하면서 이 몸의 틀어짐을 과도하게 인식할 경우, 오히려 몸을 억지로 뒤 트는 습관이 생길 수 있으므로 주의가 필요하다.
대개 품밟기를 설명할 때는 원품에서 좌품으로 내딛는 동작을 '하나', 좌품에서 원품으로 돌아오는 동작과 우품을 내딛기 위한 준비 동작을 포괄하여 '둘'과 '셋', 원품에서 우품을 내딛는 동작을 다시 '하나'로 구분하여 설명한다.

Secondly, the foot you put forward is pulled back to the center of the bottom of the triangle. At that point all weight is on the right foot. The left foot is just short of touching the ground during this step. The right knee's angle does not change. This is the second beat.

Thirdly, bring back your left foot back to Won-poom and at the same time put all your body weight on your left foot. Then bring your right foot to the center of the bottom of the triangle. This the third beat. Your left foot becomes the supporting leg and it needs to be bent 45 to 50 degrees. The right foot being placed to the front and down is the start of another "1".

* Above figures just showed half of the 3rd beat motions, to help easy understanding on Poom-bahl-kee.

When you do Jwa-poom you place your left foot at the top of the triangle, then you should be able to see the two feet as being 1 & 1/2 foot lengths apart.
When you do Jwa-poom the power distribution should be 30 percent for the left leg and 70 percent for the right leg. The 30 percent leg is easier to imagine if you envision standing on snow and checking a patch of ice to see how solid it is.
With the different weight distributions and trying to keep your back straight, special care must be paid to the movement of your hips. If you don't move properly your body will tilt and as a result your muscles will tense making it easy to lose balance when your opponent attacks.
When performing Jwa-poom or Woo-poom your upper body twists to the inside about 15 degrees naturally. This we allow you to better protect your center line from attack. When you do Poom-bahl-kee you might be tempted to purposely turn inwards, but that runs the risk of getting out of control so just let it come naturally with time.
Usually when people explain Poom-bahl-kee, they consider Won-poom to Jwa-poom one beat. Then stepping back and getting ready to go to Woo-poom is two and three. Then putting the foot forward is another one. The problem with this is 'how far' is #2 and #3.

그러나 이렇게 설명을 하게 될 경우, 대체로 '둘'과 '셋'에 해당하는 구분동작의 박자를 잡기가 어려진다. 그로인해 좌품 혹은 우품으로 발을 내딛기 위해 한발로 서있게 되는 '둘'의 박자에 해당하는 구분동작을 잃어버리기가 쉽다.

그럴 경우, 품밟기는 발을 앞으로 내딛는 '하나'와 두발을 교체해주기 위해 원품을 유지하는 조금 긴 박자의 '둘' 동작으로 변형되게 된다. 이는 두발에 체중이 똑같이 분산되는 원품 형태의 자세를 오래 유지하게 함으로써, 효과적인 기술사용을 방해하는 잘못된 습관을 만든다.

품밟기를 수련함에 있어서 가장 중요한 것은 양발에 체중이 고르게 실려 있는 상태, 즉 원품의 상태로 유지되는 시간이 가능한 짧아야 한다는 것이다. 양발에 체중이 고르게 실린 상태는 둘 중 어느 한 발이라도 공격을 당하게 되면 전체 무게중심을 잃어버리게 되는 상태이며 동시에 자신이 발을 이용해 공격하기 위해서는 다른 한발로 체중을 이동하는 준비 동작이 필요한 상태이다. 따라서 품밟기는 좌품과 우품을 번갈아 밟으며 원품으로 있는 시간을 최소화 하는데 집중해야 한다.

좌품과 우품 상태는 앞에 내딛은 발에 체중의 30%만이 실려 있는 상태로 이를 사용하기에도 편하며 이에 대한 공격에도 전체 중심을 잃지 않는 상태이다. 또한 이 책에서 설명한 '둘'과 '셋' 상태는 좌품이나 우품 보다 오히려 한발이 더욱 자유로운 상태이다. 따라서 이 책과 같은 관점에서 품밟기를 이해한다면 원품으로 서 있는 시간, 즉, 공방이 애매한 시간을 최소화할 수 있을 것이다.

품밟기를 수련하는데 있어서 또 하나 매우 중요한 것은 품밟기를 수련 할 때, 몸 전체가 낮아져야 한다는 것이다. 택견은 다른 무예와 달이 발차기와 걸이기술이 고르게 혼합되어 사용된다. 이를 위해서는 항상 안정된 무게중심이 중요한데, 이를 위해서는 항상 낮은 자세를 유지하는 것이 중요하다. 따라서 품밟기를 수련하는 데에는 항상 낮은 자세를 유지하는 것이 중요하다.

간혹, 품밟기를 수련하며 좌품, 우품을 내딛는 '하나'의 박자에는 무릎을 굽혀 자세를 낮추고 '둘', '셋'의 박자에서는 원품의 자세와 같이 일어서는 형태로 수련하는 경우가 있다. 이는 '하나'의 박자에서 낮아진 중심이 일어서는 과정에서 들뜨게 되는 결과로 이어지므로 항상 주의해야 한다. 따라서 품밟기(내밟기)를 수련할 때는 머리 위에 수평의 판막이 존재한다는 느낌으로 항상 자세를 낮고 고르게 유지해야 한다.

That becomes problematic. This results in broken rhythm. People think too heavily when stepping back to Won-poom and put too much emphasis on it, resulting on too much time in that position. That ruins the efficiency of any techniques you employ. 1st is foot forward, 2nd is foot going back to original position and readying the opposing foot(raising slightly) and 3rd is the opposing foot being in the center of the baseline of the triangle. That foot going in front becomes '1' once again.

Most important thing when you do Poom-bahl-kee is when your weight is evenly distributed(Won-poom), that moment in time must be very brief! That very moment can leave you open to attack. At the same time that is the moment that you need to prepare to shift your weight on one foot so you can attack with the other. So when doing Poom-bahl-kee and switching between Jwa-poom and Woo-poom you must minimize the transition time as much as possible.

Jwa-poom and Woo-poom stances are done on one foot so they are easy to employ and are balanced when you go to attack. Also on the 2nd and 3rd beat explained in this book makes the foot held in the ai rmore free. If you understand Poom-bahl-kee as explained here, you can minimize the time spent on Won-poom, the most awkward time to attack or defend.

Another Important matter durlng Poom-bahl-kee ls lowerlng your whole body. Unllke other martial arts, Taekgyeon mixes kicking and leg hooking techniques. In order to do this you need stable balance. Your stance must be lower to accomplish this.

Sometimes when people do Poom-bahl-kee they bend their knees at beat 1 of Jwa-poom or Woo-poom, but beats 2 and 3 they stand upright as if they were doing Won-poom. So make sure that when you go back to Won-poom that your knees remain bent. When you do Poom-bahl-kee imagine there's an imaginary board hanging just above your head. If you stand upright you will bang the top of your head.

② 품 길게 밟기

품 길게 밟기는 품 내밟기를 앞뒤로 길게 연결한 형태를 갖는 품밟기이다. 나아가 길게 밟기를 하는 경우에는 앞이나 뒤로 내딛는 발의 위치가 품 내밟기에 비해 반 족장 정도 더 길게 나가게 된다. 이 길게 밟기는 대체로 여섯 부분으로 구분한다. 첫째, 왼발을 좌품보다 약간(발 반만큼 정도) 길게 내딛는다.

둘째, 내딛은 발을 원품의 중심점으로 끌고 온다.

셋째, 끌고 온 왼발을 원품의 중심을 지나는 수직선을 따라 두 족장 가량 뒤로 내딛는다. 이때. 오른발을 제자리에서 정면으로 향하도록 방향만 바꿔줄 경우, 통상적인 우품보다 약간 긴 형태의 우품이 나올 수 있어야 한다. 또한 왼발은 원품과 마찬가지로 좌측 45°를 향해야 한다.

넷째, 오른발의 원품의 위치에서 정면을 향하도록 방향만 바꾸어 딛는다. 이때, 오른발에는 품밟기와 같이 약 30%의 체중이 실려야 하며, 몸의 앞뒤 움직임으로 인해 체중이 과하게 실리지 않도록 주의한다.

다섯째, 정면을 향해 딛었던 오른발을 살짝 들어올린다. 이때가 품 내밟기에서 둘째에 해당하는 부분(내딛었던 발을 원품의 중심선으로 끌고 오는 부분)이다. 이 부분의 박자를 놓칠 경우 전체적인 길게 밟기의 흐름과 무게중심 이동을 놓칠 수 있으므로 주의한다.

여섯째, 들어 올렸던 오른발을 우측 45°를 향하도록 방향을 바꾸어 내딛는다. 이어서 뒤로 내딛었던 왼발을 원품의 중심선을 지나 좌품의 형태로 내딛게 되면 그 다음의 길게 밟기가 시작된다.

1	2	3

② Poom Keel-gay-bahl-kee

Keel-gay-bahl-kee is the stepping process where you connect forward and backward stepping together. When you do this the foot position when you step forwards or backwards make sure it is 1/2 a step further than Nae-bahl-kee. There are actually 'six' steps. First put your left foot 1/2 step further than Jwa-poom.

Second, bring back the foot to the center point of the Won-poom.

Third, keep moving the foot backwards two further foot lengths(still on the center line). In this case if you twist the forward foot so it points forwards you form the Woo-poom of Nae-bahl-kee. The back foot is kept at 45 degrees outwards.

Fourth, your right foot(pointed outwards) is turned to the front. The front leg is lightened to carrying only 30 percent of the body weight.

Fifth, slightly lift the right foot(the second part of Nae-bahl-kee). If you lose this part you can lose balance easily.

Sixth, step out to the side 45 degrees and step down.

If the left foot is brought back up past centerline of Won-poom and lands as Jwa-poom. This the starting of the next Keel-gay-bahl-kee.

4

5

6

길게 밟기는 좌품을 먼저 시작할 때는 지속적으로 좌품을 앞으로 밟게 되며, 우품을 먼저 시작하게 되면 그 반대로 우품을 지속적으로 앞으로 내딛게 된다. 따라서 좌우를 번갈아 연습할 경우에는 앞쪽으로 길게 품을 딛을 때, '품 바꿔서'라는 구령에 맞춰 내밟기를 한번 실시하여 좌품에서 우품으로, 혹은 우품에서 좌품으로 앞쪽으로 딛는 품이 바뀔 경우 길게 밟기로 연결하여 연습하게 된다.

품 길게 밟기는 상대와의 견주기에 있어서 나 자신의 거리를 확보하기 위한 움직임의 기본이 된다. 즉, 상대와 가까워지기 위해 혹은 상대로부터 멀어지기 위해 사용하는 품밟기가 되는 것이다. 이를 실전에 활용함에 있어서 사실상 기본적인 길게 밟기의 거리만큼만 이동하여 상대와 거리를 조절하는 것은 어려운 일이다. 특히, 상대의 발차기가 나를 향해 날아올 경우, 길게 밟기의 기본 거리만큼만 움직여 이를 피한다는 것은 매우 두려운 일이다. 그러나 실제로 이 두려움을 이겨내고 길게 밟기 만큼만의 거리를 앞뒤로 움직이는데 익숙해진다면 상당히 효율적인 거리 조절이 가능해 질 수 있다. 즉, 공격을 피하고 바로 반격에 들어갈 수 있는 적절한 거리를 몸에 익힐 수 있는 것이다.

길게 밟기의 경우, 앞뒤로의 체중의 이동이 심해지게 되어 자신도 모르게 그 움직임에 맞추어 무게중심이 앞뒤로 그리고 위아래로 흔들이는 경우가 자주 발생하게 된다. 따라서 평소 수련을 할 경우에는 내 무게중심이 앞발 쪽으로 쏠리지는 않는지, 혹은 무릎이 굽혀지거나 펴지며 몸이 위아래로 움직이지는 않는지 항상 집중해서 확인하여야 한다. 특히, 실제로 견주기를 하게 될 경우, 길게 밟기에서 얻게 된 잘못된 무게중심 이동 습관은 치명적인 약점으로 작용하게 된다.

또한 길게 밟기의 경우, 앞에 내딛었던 발을 뒤로 길게 내딛게 될 때, 점점 좌품과 우품을 이루는 앞뒤 발 사이의 간격이 좁아지는 경우가 많이 나타난다. 이는 대체로 사람들이 발의 앞 축을 중심으로 품밟기의 모양을 확인하며 연습하기에 나타나는 현상이다. 즉, 발의 앞축을 중심으로 축이 되는 발과의 주먹 하나 반 간격을 생각하게 되면 뒤로 내딛을 때 발의 방향을 바꾸며 두 발뒤꿈치 사이의 간격이 무의식중에 좁아지게 되는 것이다. 따라서 길게 밟기를 연습할 때는 발뒤꿈치를 발의 중심으로 인식하고 연습하거나, 혹은 앞꿈치를 중심으로 인식하는 것이 편한 경우에는 뒤를 향해 이동하는 발의 움직임이 원품의 중심선을 지나는 수직선 방향이 아닌 약 15° 가량의 사선 방향으로 움직여야 함을 주의해야 한다.

When you do this and you start with Jwa-poom, you keep doing Jwa-poom when you step forward. If you start with Woo-poom you keep doing Woo-poom. If you want to 'take turns' or alternate while practicing, when the instructor says 'Poom-bak-gwo-suh'(switch sides) then you just do Nae-bahl-kee once and don't go backwards. So then you switch to Jwa-poom to Woo-poom or vice versa.

Keel-gay-bahl-kee is the basic movement used to secure the distance in sparring with an opponent. That means that this is the Poom-bahl-kee you use to get close to or keep away from your opponent. When you actually use this in a life or death situation, it's not easy to adjust the distance(due to the stress at the moment), especially when your adversary kicks at you, it becomes unnerving to restrict yourself to only the distance that you practiced previously. However if you actually overcome this fear and get used to keeping the distance it is actual very easy to alter the distance as you need. Take care that you avoid with just the right distance so you can quickly counterattack. If too far it becomes more difficult.
When you practice this, you always focus on self-correction on issues such as: bodyweight distribution, bending knees properly, your body not raising up and down, etc. Especially when you spar, if you have bad habits in Keel-gay-bahl-kee, it's really bad news for you. It could be the difference between a victory for you and a crushing defeat.
Another common mistake is the width between feet gets closer and closer. This happens because practitioners check themselves by watching their toes, not their heels. When you do Keel-gay-bahl-kee, you keep switching your bodyweight when move forward to back, so subconsciously it's easy to reduce the width between feet. and it break your balance. So when practicing, you had better focus on your heels. If you insist on using your toes as the choice of measuring tool, when you go to the back, imagine your foot is turned an extra 15 degrees to ensure a straight centerline.

③ 품 째밟기

품 내밟기를 좌우로 길게 늘어뜨려 밟는 형태의 품밟기를 품 째밟기라고 한다. 이 째밟기 역시 내밟기와 마찬가지로 세 부분으로 구성된다. 첫째, 원품에서 왼발을 내딛어 내밟기의 좌품의 형태를 만든다.

둘째, 내딛은 왼발을 원품의 중심점으로 당겨온 후, 원품의 왼발 방향을 향하여 어깨의 1.5배 가량 되는 지점으로 내딛는다. 이때, 무릎을 품 내밟기보다 낮게 구부려 무게 중심의 이동을 원활히 한다. 무릎을 충분히 낮춰주지 않으면 점프를 하며 중심이 흔들리게 되므로 주의한다. 또한 내딛은 왼발은 원품과 마찬가지로 좌측 45°를 향해야 한다.

셋째, 아랫배를 튕겨 올리는 탄력을 활용하여 왼다리를 곧게 펴며 완전히 일어선다. 이때 몸은 왼발과 같은 방향을 향해야 하며, 시선은 정면을 향한다. 오른다리는 무릎을 살짝 구부려 오른 발가락 끝과 왼발 뒤꿈치 사이와 주먹하나 정도의 공간이 생기도록 끌어당긴다. 이 세 번째 자세에서 다시 우품의 형태로 자연스럽게 내딛는 동작이 우품의 째밟기로 이어지며 양발 번갈아가며 실시한다.

1	2-1	2-2

③ Poom Jae-bahl-kee

If you do Nae-bahl-kee to the left or right, it becomes Jae-bahl-kee. Jae-bahl-kee is made up of three parts as well. The first starts at won-poom and you put your left foot forward to make Jwa-poom of Nae-bahl-kee.

Second, bring back your left foot to the center of the bottom line of the triangle. Then step down to the left 1 & 1/2 shoulder widths to the left and a foot length forward. Make sure when you step down both knees are a little lower so it is easier to shift weight to the left side. If knees are not bent enough, your balance will be thrown. Also the feet point outwards at 45 degrees.

Third, straighten your left leg using the momentum from your lower abdomen pushing upwards. Your body should the same direction as your left foot. Your eyes should be straight ahead. Your right knee remains slightly bent. The tip of your toes should be in line with the heel of the left foot. There should a small space about the size of a fist. Then go to Woo-poom.

3-1

3-2

1

짜밟기는 '째다'와 '밟기'의 합성어로 볼 수 있다. 이 '째다'는 "(사람이 얇은 물건이나 살갗을)날카로운 것으로 찢거나 베어서 가르다."를 의미한다. 결국 단어 자체의 의미로 볼 때 째밟기는 날카롭게 찢어진 품밟기, 즉, 옆으로 길게 늘여 밟는 품밟기를 의미한다. 이와 마찬가지로 째밟기의 목적은 상대의 측면 방향으로의 급격한 이동에 있다. 상대의 측면 방향을 선점하거나 상대의 공격을 측면으로 움직여 피하기 위한 동작인 것이다. 이때, 중요한 점은 셋째 동작에서 일어날 때, 앞서 언급한 바와 같이 아랫배의 튕기는 힘(뱃심)을 이용하여 튕기듯 일어나야 한다는 것이다. 이를 통해 상대의 측면을 선점하거나 상대의 공격을 피한 후, 나 자신의 후속 공격을 위한 탄력을 얻을 수 있기 때문이다.

이 째밟기를 수련함에 있어서 간혹 실수하는 부분은 셋째 동작에서 다음 번 첫째 동작으로 이어질 때, 한쪽 발뒤꿈치에 붙인 반대편 발을 그대로 앞으로 내딛는 다는 것이다. 이 경우, 내딛는 발과 축이 되는 발 사이의 간격이 좁아져 좌(우)품의 양발 간격이 좁아지는 경우가 생겨난다. 따라서 내딛는 발을 그대로 앞으로가 아닌 원품의 중심점을 지나 앞으로 내딛어야 함을 잊지 말아야 한다.

또한, 째밟기의 둘째 동작에서 당겨온 발을 옆으로 길게 내딛는 경우, 이를 중국 무술의 진각과 같이 강하게 내딛는 경우가 있다. 이런 식으로 째밟기를 행하는 사람들의 경우, 각자의 논리가 있을 것이기는 하나. 품밟기가 한 번의 동작으로 끝나는 것이 아닌 지속적인 움직임을 이어가는 동작임을 감안한다면, 이 둘째 동작에서 발을 세게 내딛어 자신의 중심을 필요 이상으로 강하고 길게 고정시키는 것은 원활한 움직임에 어긋난다고 판단된다.

Jae-bahl-kee is a compound word comprising the words Jae-da(using a sharp object to cut or rip the skin) and Bahl-kee(stepping). So literally Jae-bahl-ki is Poom-bahl-kee which is 'sharply ripped' meaning outstretched Poom-bahl-kee to the side.
The purpose of Jae-bahl-kee is to move swiftly to the side of your opponent. In other words to position yourself on the side of your adversary for more effectively or avoid an attack coming head on. The important thing is when you stand up from the third step, as I mentioned previously, you need to use the momentum from lower abdomen pushing upwards to add to your attack or boost your defense(allowing a quick counter-attack).
When people practice Jae-bahl-kee, a common mistake is after finishing the 3rd move and going to the 1st move. People forget the centerline where everything started and just go straight forwards. This results in a very narrow stance. When you go to do another step 1, follow the original centerline when you make the forward step.
Also during the 2nd movement in which your step or lunge forwards and outwards, many almost stomp downwards upon completion. Maybe other arts do and have good reasons for it, but in Taekgyeon's Poom-bahl-kee that is detrimental to the fluidity of the movements.

(6) 손심내기

손심내기는 손심다리기라고도 불리며 활짝 편 손바닥을 자신의 정면으로 내뻗으며 호흡을 통해 힘을 모으고 폭발시키는 방법을 연습하는 동작이다. 이 손심내기는 그 속도와 방식에 따라 '천천히', '열세게 두 번'의 두 가지 형태로 수련하게 된다. 또한 손심내기의 경우는 원품상태에서 양 발의 방향만을 안쪽 45°로 튼 자세인 별품에서 실시하게 된다.

손심내기 '천천히'의 경우는 첫째, 별품 자세에서 천천히 숨을 들이쉬며 왼손을 몸통의 옆선을 따라 천천히 어깨높이(손등이 겨드랑이에 닿을 높이)까지 끌어올린다.

둘째, 손등이 겨드랑이 높이가 되면 숨을 멈추며 손바닥을 최대한 펴며 손목을 어깨 뒤 방향으로 빠르게 확 제쳐준다. 이때 손가락 사이를 최대한 벌리도록 하며 가운데 손가락이 하늘을 향하도록 한다. 가운데 손가락 끝은 대체로 코끝 높이가 되며, 손가락을 최대한 벌린 손바닥 한가운데 부분은 오목하게 들어간 모양이 된다면 정확한 자세라 할 수 있다. 이때 양 무릎은 손목을 제치는 순간 동시에 굽혀준다.

셋째, 가운데 손가락을 자신의 코끝 높이 정도로 유지하며 자신의 정면 한가운데(중지가 두 눈 사이 미간에 위치하도록 하며 두 눈은 중지를 주시한다.)를 향해 손바닥을 천천히 밀어 팔을 끝까지 펴주는데 마지막 뻗을 때 탄력을 주며 팔을 쭉 강하게 뻗어준다. 이때 중요한 것은 호흡으로, 둘째에서 멈춘 호흡을 그대로 유지하며 손바닥을 밀며 팔을 뻗는 것과 동시에 가슴 속의 숨을 모두 천천히 아랫배로 밀어내려 준다. 또한 손바닥을 제치는 순간

1-1	1-2	2

(6) Sohn-shim-nae-kee

The Sohn-shim-nae-kee is also called Sohn-shim-dah-ree-kee. This helps practice developing of power through special breathing and releasing it explosively via your palm. There are two different types. Depend on the speed or method, they can be distinguished as Cheon-Cheon-hee(slow) and Yeol-se-ge Doo-Beon(strong and fast). This practiced from Won-poom, put your feet are twisted 45 degrees inside. That stance is called Byeol-poom.

When you do Cheon-cheon-hee(slowly), first start from Byeol-poom and slowly breathe in as your left hand raises along your left side of your body, fingers pointing downwards, till the back of your hand reaches armpit level.

Second, when you reach there hold your breath, snap your wrist back with your fingertips up and palm facing outwards. The fingers must be as far apart as possible.

The middle finger should be around the same level as the tip of your nose. In addition the palm shouldn't be completely flat, rather slightly cupped. Both knees slightly bent as you snap your wrist.

Third, keep the fingers at the same height and slowly push the hand outwards in front of your face until your arm is fully extended. Your middle finger should be level with the spot between your eyes. Keep your eyes on that finger. The pushing motion is slow at first, then lunges

3-1

3-2

4

구부렸던 무릎은 팔을 서서히 앞으로 뻗어주는 속도에 맞추어 동시에 펴지도록 천천히 펴준다.

넷째, 천천히 숨을 내뱉으며 팔과 손의 힘을 풀어 천천히 원래 자리로 내려준다.

오른손과 번갈아 연습하며 대체로 좌우 합하여 4회 정도 실시한다.

손심내기 '열세게 두 번'은 첫째, '천천히'와 마찬가지로 숨을 들이쉬며 왼손을 어깨까지 끌어 올린다.

둘째, '하나'하는 구령과 함께(구령을 넣어줄 사람이 없을 경우는 마음 속으로) 손목을 빠르게 뒤로 젖힘과 동시에 손바닥을 앞으로 가능한 빠르게 두 번 밀어내며 호흡을 내뱉는다. 무릎은 손목을 제침과 동시에 굽히고 그 굽힌 상태를 유지하며 호흡을 내뱉는다. 이때 중요한 것 역시 호흡으로, '천천히'와 달리 몸 안의 모든 호흡을 둘로 나누어 두 번의 빠른 손바닥 밀어내기와 동시에 다 내뱉어 줘야 한다. 단, 호흡은 손바닥을 뻗는 경우에만 내뱉어야 하며 당기는 경우에는 숨을 멈춘다.

셋째, 뻗어진 왼팔과 손의 힘을 풀며 천천히 내려줌과 동시에 오른손을 끌어 올리며 숨을 들이 쉰다. 오른손이 올라가는 것과 동일하게 무릎도 천천히 곧게 펴준다. 즉, 손심내기 '천천히'에서 왼손의 셋째 동작은 오른손의 첫째 동작이 된다.

대체로 4회 반복한다.

1-1

1-2

2

forward suddenly. Important thing is that while you are pushing outwards, you push your breath into your lower abdomen(not exhaling). As you slowly extend your arm, slowly straighten your knees at the same speed.

Fourth, slowly exhale and relax your arm and hand and let it go back to its original position. Repeat with the right hand. Do two times on each side.

Yeol-se-ge Doo-beon(strong and fast, 2 times) is started when first start from Byeol-poom and slowly breathe in as your left hand raises along your left side of your body, fingers pointing downwards, till the back of your hand reaches armpit level.

Second, with the command Hah-nah!(or if practicing on your own, say it in your mind) snap your hand back quickly(bend your knees at the same time) and push forcefully twice while exhaling twice simultaneously. Again the breathing is integral. At the point of the second exhale all the breath must be forced out. The first push is part way, then the breath is held as the palm is pulled back. The second push is 100 % out as well as the rest of the breath. During the exhale the knees are kept bent.

Third, relax the extended arm and hand and slowly bring it back to your side. At the same time raise the other arm up and breathe in. While your hand is raising, your knees straighten. Repeat twice on each side.

1-1

1-2

2

손심내기는 호흡을 들이쉰 후, 이를 아랫배를 향해 집중하며 힘을 모으는 연습(천천히)과 급격히 내뱉는 연습(열세게 두 번)을 통해 아랫배에 힘을 주고 힘을 터뜨리는 연습을 하는 것이 주된 목적이다. 특히, 택견의 경우, 뱃심이라 칭하는 아랫배의 힘과 탄력을 활용하는 것이 공격을 주고받음에 있어서 매우 중요한 힘의 근원이 된다. 따라서 이 뱃심내기는 틈틈이 수련해 줄 필요가 있다.

또한 필자의 경험에 의하면, 이 뱃심내기를 견주기 중간에 숨이 찰 때 사용하게 되면 흐트러진 호흡을 빠르게 안정시킬 수 있게 된다. 특히, 여타의 동작 없이 열세게 두 번의 호흡을 견주기 중간에 할 경우, 가빠진 호흡을 가라앉히고 신체의 긴장을 푸는데 도움이 된다. 마치 달리기 선수가 호흡을 짧게 끊어서 여러 번 내뱉으면서 호흡을 조절하는 것과 같은 이치로 이해할 수 있을 것이다.

The purpose of Sohn-shim-nae-kee is generating power in the lower abdomen and releasing it explosively, by practicing generating power into your lower abdomen(Cheon-cheon-hee) and practicing quickly exhaling(Yeol-se-ge Doo-beon). Especially in Taekgyeon, using the power and the elasticity of your lower abdomen(Bet-shim) is an important source of power for attack and defense. It is necessary it practice this skill from time to time.
Also according to my experience, if you use this skill while you are out of breath when you exhaust yourself during sparring you can use this to rejuvenate yourself.
Especially if you do Yeol-se-ge Doo-beon during sparring, it will help you to control your breathing and relax your body. It is like when runners control their breathing by exhaling in short bursts.

2. 서서 익히기

서서 익히기는 제자리에서 택견의 기본 동작을 수련하는 과정을 의미한다. 서서 익히기에는 들어차기와 걸어지기가 있으며, 들어차기는 상대를 가격하는 공격과 이를 위한 준비 동작이, 걸어지기에는 상대를 걸어 넘기기 위한 공격과 이를 위한 준비 동작이 배분되어 있다.

(1) 들어차기

들어차기는 상대를 가격하기 위한 동작과 이를 위한 준비 동작으로 구성되어 있다. 상대를 가격하기 위한 동작으로는 손을 사용하는 칼재기가 있으며, 발을 사용하는 걷어차기 등의 여섯 가지 발질(발차기를 이름)이 있다. 그리고 이를 준비하기 위한 동작으로는 솟구치기와 뛰어돌기(돌개질)가 있다.

① 칼재기(내밀기)

칼재기는 내밀기라고 부르기도 하며 손가락을 모두 붙인 상태에서 엄지손가락을 벌린 후, 나머지 네 손가락과의 사이 즉, 손아귀를 이용해 상대의 목을 겨냥해 찌르듯이 밀어 올리는 동작이다. 이 칼재기가 응용된 복장밀기나 허구리 밀기 등의 동작에서는 상대의 가슴이나 옆구리를 겨냥하기도 한다.

1-1

1-2

1-3

2. Suh-suh Ik-hee-kee (Stationary Practice)

Suh-suh Ik-hee-kee(stationary practice) means the process of practicing movements of Taekgyeon while staying on one spot. There are Duh-ruh-cha-kee and Guh-ruh-jee-kee. Duh-ruh-cha-kee and Guh-ruh-jee-kee has attack and movements preparing for attacking. Guh-ruh-jee-kee focuses on hooking and taking an adversary to the ground, while Duh-ruh-cha-kee are actual pure striking maneuvers.

(1) Duh-ruh-cha-kee

Duh-ruh-cha-kee consists of the movements used to hit an opponent and the movements to help you to set up a strike to him. For the movements used to strike there are Kahl-jae-kee(hand technique) and six Bahl-jil(foot techniques) including Guh-duh-cha-kee. Also to prepare all these techniques there are Soht-goo-chee-kee and Dwee-uh-dohl-kee(Dohl-gae-jil).

① Kahl-jae-kee (Nae-mil-kee)

Kahl-jae-kee(another name is Nae-mil-kee) is formed by your four fingers being held together while the thumb is pulled away from them. That should form a firm 'V'.

2-1

2-2

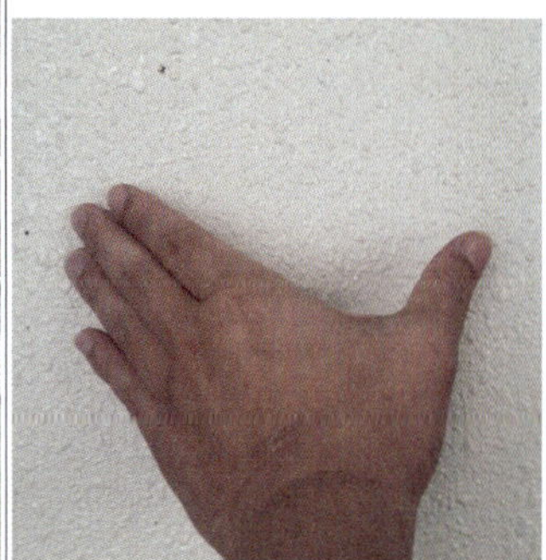

손모양(hand shape)

칼재기의 기본 동작은 원품으로 서서 수련하며 무릎의 굼실거림(굽혔다 펴는 반동) 없이 허리의 회전력과 곧게 편 팔을 자신의 목 높이까지 들어 올리는 힘만을 사용한다.

칼재기는 두 동작으로 구분할 수 있는데, 첫째는 원품 상태에서 편하게 내려져있던 왼쪽 손아귀를 벌린 후, 상대가 자신의 정면에 서 있다는 가정 하에 상대의 목 높이까지 왼팔을 곧게 편 채로 왼손을 밀어 올린다. 이때, 허리는 왼손이 최대한 앞으로 갈 수 있도록 자연스레 왼쪽 어깨가 앞쪽으로 향하도록 틀어준다. 이 움직임을 통해 왼쪽 손은 왼쪽 골반 옆에서 신체의 중심을 향해 부드러운 대각선을 그리며 올라가게 되고, 동시에 내 몸의 옆에서 상대의 목을 향해(원형이 아닌) 앞쪽으로 치우친 타원형 형태의 움직임을 갖게 된다. 둘째, 밀어올린 왼팔의 힘을 빼며 편안하게 원품 자세로 되돌아온다. 이를 좌우를 번갈아 연습한다.

칼재기라는 명칭은 조선시대 죄인의 움직임을 제한하고자 목에 걸어놓았던 '칼'이라 불리던 형구에서 비롯된 것으로 보인다. 우리가 흔히 춘향전 등의 고전에서 춘향의 목에 걸려있던 기다란 판자모양의 나무 형틀이 바로 칼이며, 칼재기를 할 때의 손 모양과 이것이 상대의 목에 닿았을 때의 모양이 이 '칼'과 비슷하기에 그리 불린 것으로 여겨진다.
초보자의 경우, 칼재기로 상대의 목을 공격할 때, 힘을 주기 위해 팔을 접었다 앞으로 펴야 한다고 생각하는 경우가 많다. 그러나 실제 칼재기의 경우, 허리의 회전 움직임 및 앞으로 내딛는 다리의 움직임과 동시에 이루어지기에 자연스레 앞쪽으로 향하는 체중 이동의 운동에너지를 활용하게 되므로 팔을 편 채로 사용하게 된다. 특히, 팔을 굽혔다 펴는 힘을 사용할 경우, 팔의 근력만으로 상대를 공격하게 되어 오히려 체중의 이동을 활용한 경우보다 전해지는 힘이 약해지게 되므로 팔을 굽혔다 미는 동작은 칼재기의 힘을 약하게 만든다. 또한 칼재기는 아래에서 위로 들어 올리는 팔 동작으로 인해 상대의 시각보다 아래에서 올라오며 공격이 가능하게 되는데, 팔을 굽혔다가 앞으로 미는 동작을 사용하게 되면 상대 시각의 정면에서 공격이 들어오게 되므로 상대이 시야각 밖에서 공격해 들어가는 이점을 놓치게 된다. 단, 낚시걸이 등과 함께 사용할 경우는 상대와의 거리로 인하여 팔을 완전히 편 채로는 사용할 수는 없다.

You thrust(push) out and up, striking your adversary in the throat with the base of that 'V'. This can be employed in striking the chest (Bohk-jang-mil-kee) or above the waist on the side(Huh-goo-ree-mil-kee). The basic motion starts from Won-poom. Using the power generated from the rotation of your waist as you outstretch your hand in that position and strike the throat. You don't use Goom-shil. Kahl-jae-kee is divided into two motions. First, while in Won-poom, your arms are relaxed on either side of your body. Open your left hand as previously mentioned and swing your hand up and out(oval-like shape) towards your opponent's throat. Twist your waist allowing your shoulder to become more forward and give you more extension in performing this technique. Next, you relax your hand and arm and let your arm fall back to the side of your body. Repeat on either side.

The name seems like it came from a device that was used in ancient times that secured around a prisoner's neck, shoulders and wrists(called a Kahl). The feeling when applying this maneuver should feel similar.
For a beginner, when you attack, many think you need to bend your elbow before you push, but actually if you turn your waist and push upwards(circularly) while step forward, there is no need. When you twist, your hips obviously follow suit and a forward step is quite natural while performing the strike. Not only is the elbow not necessary it can be detrimental in performing it as it can telegraph the technique while performing it. If it is just kept free and relaxed and swung up and out it is almost undetectable. However, if used with Nak-shee-guh-ree(leg hook) there isn't much distance to do Kahl-jae-kee properly so the elbow should be bent in that case.

② 걷어차기

걷어차기는 원품 상태에서 발을 들어 정면을 아래에서 위로 올려 차는 발차기 동작이다. 걷어차기는 세 개의 구분동작으로 나눌 수 있는데, 첫째, 원품 자세에서 체중을 축이 되는 오른쪽 다리로 완전히 이동시키며 왼 무릎을 접은 상태로 왼쪽 다리를 들어올린다.

둘째, 왼 무릎을 곧게 정면을 향해 펴듯이 발을 찬다. 이 때, 발등은 정면을 향해 곧게 펴져 발등으로 상대를 아래에서 위로 차올릴 수 있도록 한다.

셋째, 차 올린 다리의 무릎을 접어 회수한 후, 원품자세로 되돌아온다. 이 걷어차기의 목표 부위는 상대의 낭심, 턱 등이 된다.

1-1	1-2	2-1

② Guh-duh-cha-kee

From Won-poom, kick up and out to the front of you. It can be divided into three motions. First, move your bodyweight till it leans more on the right side. Bend your left knee as you lift your left foot till it is at 90 degrees.

Second, kick to the front using your instep.

Third, fold your knee back until it is bent. Then go back to Won-poom. The most common targets are the groin and the jaw.

2-2

3-1

3-2

걷어차기의 명칭은 발끝으로 무언가를 걷어 올리듯이 차올리는 동작에서 유래된 것으로 보인다. 걷어차기를 비롯한 모든 발질에서 중요한 것은 발질을 하기 전, 차고자 하는 다리의 무릎을 접어 올리는 것이다. 다리를 편 채로 차올리게 되면, 발질의 동선이 길어질 뿐만 아니라 뻗은 다리를 차올려야하기에 힘도 많이 들고 발질의 속도도 느려져 전체적인 발질의 효율성과 효과성이 떨어지게 된다. 따라서 효율적이고 효과적인 발질을 위해서는 무릎을 접어 올려 목표점을 향하고 그 탄력을 살린 채 무릎 아래의 다리를 차내야 한다.
또한 걷어차기를 포함한 모든 발질을 행함에 있어서 차고자 하는 다리를 접어 올릴 때는 고관절에서 무릎을 이은 직선이 차고자 하는 목표점을 가리켜야 한다. 다시 말해 무릎이 총을 겨냥하는 가늠쇠가 되며, 고관절이 가늠자가 되는 것이다. 무릎 윗부분은 고정된 채 무릎 아래를 펴는 동작으로 발질의 차기가 완성되기 때문이다. 걷어차기에서 무릎과 고관절을 잇는 직선이 너무 낮은 곳을 향하게 되면 다리가 다 펴진 후 나머지 목표점까지 펴진 다리로 발차기를 해야 하므로 효율성이 떨어지고, 너무 높은 곳을 향한 경우, 다리가 충분히 펴지지 않은 채 목표점을 타격하게 되어 다리를 펴는 힘을 충분히 사용하지 못하게 되어 효과성이 떨어지게 된다.

The name seems to come from 'guh-duh-ohl-lee-dah', which means to lift something. Including Guh-duh-cha-kee the most important thing in all kicking techniques is folding the knee before execution. If you don't bend your knee, it takes more room to perform properly plus the speed and power is minimalized.
An additional point is that the line made between the hip to the knee must face the intended target for maximum effect. Once the knee is bent, the thigh position is fixed and the lower leg does the rest of the job. If your thigh is too low you would be forced to swing upwards resulting in a sloppy technique. If the thigh is aimed too high for the kick you will end up kicking the target before you fully extend your leg resulting in low power.

③ 째차기

째차기는 다리를 닭싸움 하듯이 들어 올려 몸의 안쪽에서 바깥쪽으로 차내는 발질이다. 이는 택견이 독특한 발질로서 다른 무술에서는 찾아보기 어렵다. 째차기 역시 대체로 세 가지 동작으로 구분된다. 첫째, 원품상태에서 축이 되는 오른쪽 다리로 체중을 이동하면서, 왼쪽 다리를 오른 무릎을 스치듯이 하여 접어 올린다. 이때 왼 발끝은 몸의 오른쪽 측면에 있어야 하며 왼 무릎은 목표점을 가리켜야 한다. 또한 몸통은 편안하게 우측 약 15~30° 방향을 향하는 것이 적절하다.

둘째, 왼 발등이 정면에 있는 가상의 적의 왼쪽 측면을 가격할 수 있도록 발목을 쭉 펴 앞으로 차 뻗어준다. 이때, 왼 다리 전체는 왼쪽을 향하여 회전된 상태가 되어야 하며 발끝의 동선은 수평에 가까운 모양을 그려야 한다.

셋째, 상대를 가격한 후, 첫째와 둘째 단계에서 지나간 동선을 그대로 따라 역순으로 회수하여 원품으로 돌아온다. 오른 다리의 경우도 동일하게 실시한다.

째차기의 목표지점은 상대의 대각선 쪽(왼발로 찰 경우, 왼쪽)의 허벅지, 옆구리, 왼쪽 턱 등이다.

1-1	1-2	2-1

③ Jae-cha-kee

This is a kick where you lift your knee and twist your lower leg inwards(as if playing hacky-sack from our culture), then twist the leg outwards at an angle towards the target, striking with the instep. This is the most trademark kick in Taekgyeon and is rare in any other art. Once again it can be divided into three separate movements. From Won-poom, switch your weight to the right leg. Then lift your knee and pull your heel up past your right knee. The toes are on the right side of course, but your knee is facing outwards and towards your target. To perform properly your torso should twist 15 to 30 degrees to the right.

Second, kick outwards with your instep to your opponent's left side. The whole leg should extend fully and outwards to the left. The resulting line made with your toes should be almost horizontal(as much as possible) as you swing into the target.

Third, go back across that imaginary line and go back to Won-poom. Repeat with the right leg.

The target of this kick is the opponent's left side(if using your left leg) or right side(if kicking with the right). The outer thigh, waist and jaw are popular targets.

2-2

3-1

3-2

짜차기의 명칭은 '째다'와 '차다'의 합성어로 여겨진다. '째다'는 '날카로운 것으로 찢거나 베어서 가르다'는 뜻을 가진 단어로 째차기의 발질 모양이 안에서 밖으로 날카롭게 뻗어나가는 모양임을 의미하는 것으로 볼 수 있다.

째차기에서 가장 중요한 것은 째차기를 위해 다리를 들어 올리는 동작인데, 대체로 초보자의 경우 왼(오른) 다리를 충분히 오른(왼)쪽으로 들어 올리지 못하여 차는 발은 가랑이 중간쯤에, 무릎은 목표점이 아닌 왼(오른)쪽으로 빗나간 방향을 가리키는 위치에 오는 경우가 많다. 이 경우, 발질이 정확하게 성공하기 어려우므로 차고자 하는 다리의 무릎과 고관절을 이은 선이 정확히 목표점을 가리키고, 차고자 하는 발이 반대편 몸통의 측면 선에 닿을 수 있도록 연습하는 것이 중요하다.

또한 째차기의 경우, 대개의 발차기(밖에서 안으로)와 역방향(안에서 밖으로)의 다리 움직임을 가지므로 다리를 차는 반동을 얻기 위하여 몸을 반대방향으로 틀어주는 습관이 생기기 쉽다. 그러나 이 경우, 몸을 발질의 반대방향으로 틀어줌으로 인하여 몸 전체가 꽈배기처럼 뒤틀리게 되고 이것이 힘의 원활한 전달을 방해하게 되므로 몸을 틀어주는 반동으로 발질을 하는 것을 주의해야 한다. 이는 다른 발질에서도 마찬가지로 적용되나 특히 째차기의 경우 주로 나타나게 되는 실수이므로 주의를 필요로 한다. 몸을 틀어 반동을 얻는 대신 발질을 할 경우, 골반을 앞으로 살짝 밀어주는 느낌으로 체중을 밀어주면, 몸을 뒤트는 반동 없이도 째차기를 정확하게 구사할 수 있다. 단, 이 동작에서는 허리가 아닌 엉덩이 밑 부분을 밀어내는 느낌으로 해야 한다.

끝으로 째차기의 경우, 안에서 밖으로 향하는 발질인 만큼, 초보자의 경우 차는 순간 발등과 무릎이 하늘을 향하게 되는 경우가 많다. 그러나 째차기의 힘을 효과적으로 전달하기 위해서는 발등과 무릎 즉, 다리 전체가 발이 움직이는 방향인 측면을 향하도록 고관절에서부터 틀어져 있어야 한다(그림. 다리 각도 / leg angle).

The name Jae-cha-kee seems to come from the compound words 'Jae-da'(rip or cut with sharp object) and 'Cha-da'(kick). So the shape of the kick can be compared to a rip from inside to outside.
The important step in this kick is raising your heel. Many beginners can't bend the lower leg enough so the heel is only raised between the legs so it cannot reach the target.
Because you need to twist to prepare for the kick, many think you need to 'recoil' or 'untwist' from the kick when performing the strike. This is a mistake. Instead of thinking of twisting your body, think you are pushing your hip as you are kicking outwards.
And Jae-cha-kee is a kickng toward a side from inside. So, make sure your instep always facing the target side with your whole leg twisted(figure. 다리 각도 / leg angle).

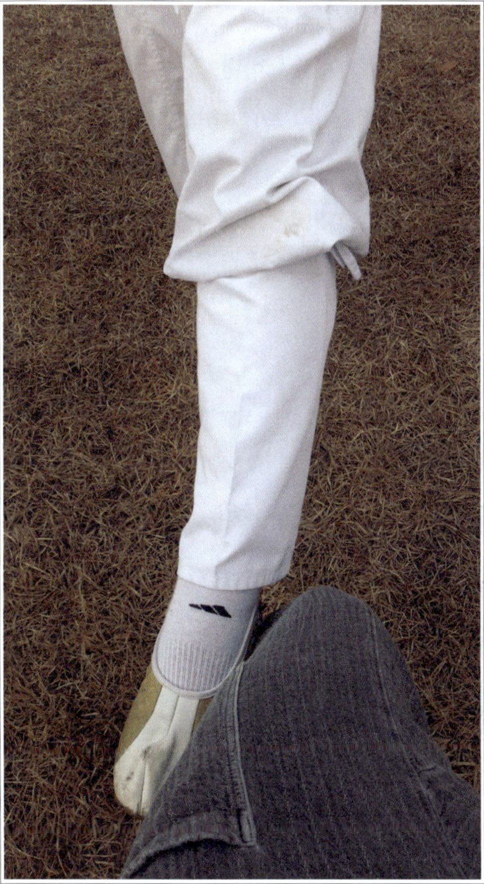

나쁜 타격 각도 / bad instep angle

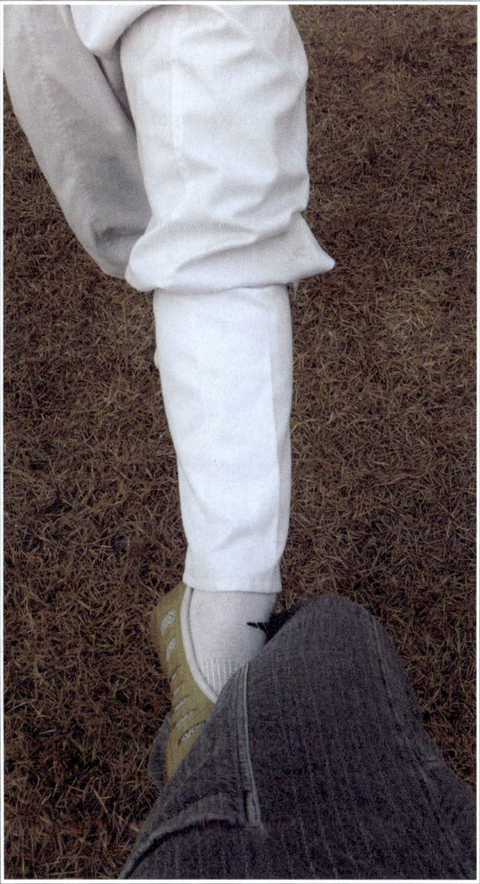

좋은 타격 각도 / good instep angle

④ 후려차기

후려차기는 밖에서 안으로 휘둘러 차는 발질로서 맞서기 등에서 가장 많이 사용되는 발질이며 다른 무술에서도 흔히 사용된다. 후려차기는 첫째, 원품 상태에서 축이 되는 오른 다리로 체중을 이동하는 동시에, 왼 다리를 접어 무릎은 정면을 향하고 왼 발은 왼쪽 측면을 향하도록 들어올린다. 이때 몸통은 정면이 아닌 축이 되는 오른 다리 쪽으로 약 15~30° 정도 틀어지는 것이 좋다.

둘째, 왼 무릎 아래를 목표점을 향하여 수평에 가깝도록 빠르게 차 뻗는다. 이때, 왼쪽 엉덩이가 발질의 궤적을 수평으로 만들기 위해 위쪽 방향으로 들리지 않도록 주의한다. 이는 자신의 체중이 들뜨도록 하여 중심을 잃기 쉽게 하기 때문이다.

셋째, 찬 발을 첫째와 둘째의 동선을 따라 역으로 회수하여 원품으로 돌아온다. 다른 발차기와 마찬가지로 발을 회수할 때는 무릎을 먼저 접어주는 것이 중요하다. 우측 역시 동일하게 실시한다. 후려차기의 목표지점은 같은 쪽(왼발로 찰 경우 오른 쪽)의 허벅지, 옆구리, 턱의 옆면 등이다.

1-1

1-2

2-1

④ Hoo-ryuh-cha-kee

Hoo-ryuh-cha-kee is a kick from outside to inside. This is the kick used most in Maht-suh-kee(sparring) and is a common feature in other arts as well. Once again the basic motion starts from Won-poom. Offset your weight to the right and raise your knee with your left foot slightly twisted outside. It's better if you also twist your body to the right 15 to 30 degrees.

Next, quickly extend your leg towards the target and swing inwards. After accomplishing the kick finish it by bringing it back to Won-poom. Make sure not to raise your buttocks as you kick horizontally. If you do you could lose your balance.

Third, as with other kicks be sure to rechamber your leg. The target is the thigh, waist and side of the jaw of the opponent's right side(if using your left leg) or left side(if kicking with the right).

2-2

3-1

3-2

후려차기의 명칭은 '후리다'와 '차다'의 합성어로 여겨진다. '후리다'는 '휘둘러서 때리거나 치거나 하다'는 뜻을 가진 단어로 후려차기의 밖에서 안으로 휘둘러 차는 모양을 의미하는 것으로 볼 수 있다.
후려차기를 보다 정확하고 안정감 있게 구사하기 위해서는 차는 다리의 궤적이 수평을 이루도록 하고자 차는 다리 쪽의 엉덩이가 위로 틀어져 올라가지 않도록 하는 것이 중요하다. 엉덩이가 틀어지게 되면 상체가 옆으로 기울게 되고 중심도 흔들리게 되어 발질에 자신의 체중을 싣기가 어렵게 된다. 따라서 모든 발질에 적용되는 바이기도 하지만 특히 후려차기를 할 경우엔 상체를 가능한 한 바르게 세우고 몸통을 축이 되는 다리의 방향으로 편안하게 틀어 준 후, 고관절의 유연성을 이용하여 다리만 틀어지도록 하는 것이 좋다. 이러한 움직임은 후려차기 등의 발질이 완벽한 수평이기보다는 45° 정도의 궤적을 갖도록 한다.
후려차기 역시 발질을 하는 경우, 축이 되는 다리의 엉덩이 바로 아랫부분을 밀어주는 느낌(골반을 밀어주는 느낌)을 더함으로서 발질에 자신의 체중을 실어줄 수 있다. 이 때 주의할 점은 허리가 뒤로 젖혀져서는 안 된다는 것이다. 또한 택견의 모든 발질은 수평으로 때린다기보다는 타원형으로 찔러 찬다는 느낌을 가지게 된다. 이는 택견의 뱃심을 발질에 싣기 위한 것으로써 이 뱃심을 싣는 것이 바로 골반을 밀어 주는 것이며, 이를 올바르게 구사하기 위해서는 축이 되는 다리의 엉덩이 아랫부분을 밀어 넣는 느낌으로 골반의 운동에너지를 만들어 내어 전달하는 것이 중요하다.
한편, 초보자들의 경우, 혹은 발차기에 자신감이 막 생기는 수련생들의 경우, 후려차기를 수련할 때, 축이 되는 발의 뒤꿈치를 태권도의 앞돌려차기 하듯이 틀어넣어 차는 경우가 많이 발생한다. 그러나 이는 기초적인 후려차기 수련에서는 자신의 중심을 흔드는 원인이 된다. 다시 말해, 항상 상대의 걸이기술에 대비하고, 나아가 상대가 자신의 발차기를 잡아챌 때도 안정적인 자세를 유지하기 위해서는, 후려차기를 비롯한 모든 발질에서 축이 되는 발의 뒤꿈치를 틀지 않고 차는 연습을 하여 자신의 중심을 안정적으로 유지하는 습관을 몸에 배게 할 필요가 있다.

The name Hoo-ryuh-cha-kee comes from the compound words 'Hoo-ree-dah'(to swing or throw) and 'Cha-da'. Basically it looks like a swing kick from outside to inside.
To do Hoo-ryuh-cha-kee accurately be sure to not lift your buttocks. When doing this kick your body is as upright as possible with your body slightly twisted towards the side of the supporting leg. Using the elasticity of the muscle in your hip joint kick outwards and inwards. The route traveled is 45 degrees downwards as opposed to horizontal.
Hoo-ryuh-cha-kee is better executed when the hip is slightly pushed forwards into the kick as it is performed. Take care not to lean your back backwards. All kicks in Taekgyeon feel like you are thrusting / pushing in an oval shape as compared to hitting or smashing horizontally.
On the hand, amateurs tend to have the heel of their supporting foot pivot when they are doing Hoo-ryuh-cha-kee like in other arts. This will cause you to lose balance. So you have to make sure that in all kicks that you do not pivot on your heel. Even if your kick is caught, keep a stable stance and you will be hard to topple over.

⑤ 곧은 발질

곧은 발질은 말 그대로 발의 앞 축이나 발가락을 모은 끝으로 앞으로 곧게 찔러 차는 발질이다. 발의 모양은 발가락을 모두 몸 쪽으로 끌어당긴 채 발의 앞 축을 앞을 향하여 내뻗은 상태 혹은 발가락을 모두 모아 꼿꼿하게 편 상태로 한다. 곧은 발질 역시 세 부분으로 나뉘는데, 첫째, 원품 상태에서 축이 되는 오른 다리로 체중을 이동하며 왼 다리의 무릎을 가슴에 닿도록 끌어올린다. 이때 발은 곧게 펴 창 끝과 같은 모양을 만들고 발뒤꿈치를 엉덩이에 최대한 가깝게 당긴다. 허리는 살짝 뒤로 빼내어 발을 찌르는 순간에 허리의 탄력과 골반의 움직임을 이용해 앞쪽으로 빠르게 찔러 낼 준비를 한다.

둘째, 무릎을 아래로 내리듯이 하며 발을 앞으로 쭉 밀어내며 찔러 찬다. 발의 이동 경로는 허리높이에서 수평으로 상대의 몸통을 향해야 하며, 이때 최대한의 속도를 내어 단순한 밀어내기가 아닌 권투의 스트레이트와 같은 찔러 차기가 되어야 한다. 또한 살짝 굽힌 허리의 탄력을 이용하여 다른 발질보다 골반을 앞으로 밀어내어주는 움직임을 빠르고 길게 함으로써 발끝을 이용한 찌르기의 움직임에 체중을 더욱 실어야 한다.

셋째, 찬 발을 찬 순서의 역순으로 회수하여 원품으로 돌아온다. 곧은 발질의 목표지점은 상대의 복부, 명치, 허벅지 등이며, 유연성에 따라 상대의 목을 겨냥하기도 한다.

명치를 공격하면 명치기, 허벅지를 공격하면 허벅치기로 구분된다.

1-1

1-2

2-1

⑤ Gohd-eun-bahl-jil

Gohd-eun-bahl-jil is literally kicking straight ahead with the tips of your toes. You clench your toes together as if they made the head of a spear. First, start in Won-poom and offset your weight to the right and raise your knee with your left foot up to your chest. Stretch your foot outwards like a spear. Pull your heel as close as possible towards your butt. Lean backwards slightly so you can add to the momentum of the kick.

Second, lower your knee as you thrust your leg forwards into your target. Image you are thrusting with a spear.

Lastly, pull the leg back and return to Won-poom. The target of this kick is the throat, stomach, solar plexus or thigh. If you strike the solar plexus it is called Myeong-chee-kee.

If you target the thigh it would be called Huh-buk-chee-kee.

2-2

3-1

3-2

곧은 발질은 이름 그대로 곧게 찔러 차는 발질이다. 이때 중요한 것은 발의 궤적인데, 대체로 초보들의 경우는 발을 엉덩이 쪽으로 당긴 후에 차지 않고 몸 앞쪽으로 들어 린 후에 곧은 발질을 하게 된다. 이 경우, 발의 이동거리가 짧아져 발질에 가속을 붙이기가 어려워지므로 제대로 된 충격을 전달하기 어렵게 된다. 따라서 곧은 발질을 위해 다리를 들어 올릴 경우, 차는 발의 뒤꿈치가 자신의 엉덩이를 스치고 올라간다는 느낌으로 행하는 것이 좋다.
또한 곧은 발질의 경우, 앞으로 찔러 차는 발질이기에 발질을 회수하는데 있어서 매우 신경을 써야 한다. 발을 찬 후 그대로 내리게 되면 상대의 몸에 자신의 발이 걸쳐지며 잡히기 쉬우므로 다른 발질에 비해 차던 궤적 그대로의 회수가 매우 중요하다.
곧은 발질의 경우, 허리를 뒤로 젖힌다고 여겨질 만큼 골반을 앞으로 길게 밀어주어 발질에 체중을 실어주게 된다. 이때 진짜로 허리가 젖혀져서는 안 되며 허리가 젖혀진 모양이 되는 만큼 골반이 앞으로 밀려 나가야한다. 따라서 곧은 발질 동작의 수련은 하복부 단련에도 많은 도움이 된다.

Gohd-eun-bahl-jil is literally(in Korean) means ‘thrust kick’. The route of this kick is very important. Most beginners don’t pull the heel back when they kick. In that case the actual distance your foot can travel will be shortened, resulting in a slower / weaker technique.
After striking care must be taken when retracting the leg. If you just ‘drop’ your leg, it could get caught. Rather pull it back in the reverse order it was thrown.
When you lean back, your hip will naturally push out adding more momentum to your kick. Another side benefit is that it gives a great workout for your abdominal muscles.

⑥ 내차기

내차기는 다리와 발을 자신의 얼굴 이상의 높이로 들어 올려 상대의 얼굴에서 명치까지 훑어 내리듯이 찍어 차는 발질이다. 여타 무술의 다리를 들어 올려 찍어 내리는 발질과 다른 점은 발뒤꿈치가 아닌 발바닥 전체를 사용하여 밟아 내리는 발질이란 점이다. 내차기 역시 세부분으로 구분된다. 첫째, 축이 되는 오른발로 체중을 이동하며 왼 다리를 접어 무릎이 가슴에 닿을 때까지 들어올린다.

둘째, 접어올린 다리를 상대의 머리 위를 향하여 내 뻗은 후, 상대의 얼굴에서 명치까지 발목의 스냅을 활용하며 계단을 밟듯이 훑어 내린다. 이 때, 자신의 체중이 상대에게 완전히 얹힐 수 있도록 축이 되는 다리를 이용하여 체중을 앞쪽으로 밀어준다.

셋째, 상대의 명치부분을 지날 때 쯤 무릎을 접어 회수하며 접은 다리를 품 내밟기의 앞발 내딛는 위치 정도에 가능한 가볍게 내 딛는다. 이 후, 원품으로 복귀한다.

내차기는 앞서 말한 바와 같이 상대의 얼굴을 목표지점으로 밟아 내리는 발질이다. 또한, 다른 발질들의 수련 시에는 발질의 회수가 발을 차낸 궤적을 거꾸로 따라서 원품으로 돌아오는 반면, 내차기는 앞쪽으로 내딛은 후, 원품으로 돌아온다는 차이점이 있다.

1-1

1-2

2-1

⑥ Nae-cha-kee

Nae-cha-kee is the kick where your leg swings up face high and 'scrapes' down across your opponent's face and chest. Other arts seem to have similar kicks, but the big difference is others use the heel whereas Taekgyeon uses the whole flat of the foot. First start in Won-poom and offset your weight to the right. Then raise up your left knee up to your chest.

Second straighten your leg to the top of your assailant's head and snap your ankle downwards to deliver a vicious 'scrape' across the face or chest. Push your body forward slightly to add power to this kick.

Third, fold back your knee when your foot passes by the solar plexus into the forward step for Nae-bahl-kee. Then go back to Won-poom.

1-1

1-2

2-1

내차기는 다리를 통째로 들어 올려 찍어 내리는 것이 아니라 내 가슴 앞으로 끌어당긴 다리를 앞으로 내밀 듯이 내펴서 밟아 내리는 것이다. 이는 내차기의 효과성과 효율성 측면에서 매우 중요한데, 다리를 편 채, 통째로 들어 올려 찍는 발질은 다리를 들어올리기 힘들뿐 아니라, 다리가 펴진 채 움직이므로 동작이 크고 상대의 방어동작에 걸리기 쉽다. 그러나 다리를 접어올린 상태에서 내차게 되면, 상대의 방어동작을 피해 차기 쉽고 다리를 들어 올리고 뻗어내어 발질을 하는 동작에 있어서 더욱 효율적이며, 상대의 움직임에 따라 발질의 궤적을 쉽게 변화시킬 수 있어 효과적이다.

내차기를 할 때 많이 하는 실수 중의 하나가 발을 멀리, 바르게 차 내리기 위해 상체를 뒤로 젖히며 차게 되는 경우다. 이렇게 찰 경우는 전체적인 몸의 형태가 'T'자의 형태를 이루게 되어 다리를 높이 올리기도 편하고 빠르게 멀리 찰 수는 있다. 그러나 내차기가 상대를 밟아 내리는 발질임을 고려할 때, 이러한 동작은 상대에게 자신의 체중을 실은 발질을 할 수 없게 되고 또한 상대가 자신의 내차기를 막아냈을 때, 상체가 뒤러 젖혀진 상태이므로 중심을 잃어버리기 쉽게 된다. 따라서 내차기를 할 때는 상체가 뒤로 젖혀지지 않도록 신경을 써아하며, 상대가 내차기를 막았을 때도 체중을 전달하여 상대의 방어를 내리누를 수 있도록 체중을 발질에 실어주는 것이 중요하다. 이를 위해서는 커다란 나무나 벽면 등에 내차기를 한 후, 다리 스트레칭을 하는 것 같은 자세로 발에 체중을 실어 내리누르는 연습을 하면 효과적이다.

Be sure to pull the knee in 'first' before raising the leg up, otherwise it will be more awkward and you telegraph what you are intending to do. Raising the knee allows you to hide your intention. Also you can easily manipulate the kick's angle and height.
The most common mistake is to lean backwards to add distance, height and power. If you do that you can't put your bodyweight down on your kicking leg as your scrape downwards. Also it makes it easy to lose balance. So be sure to watch for that. If done properly and blocked, you still should be able to put your body weight forward and force his defense down. To practice it, place your foot against a tree or wall and try to pull down against it. Be sure to put your weight into it

⑦ 는질러차기

는질러차기는 곧은 발질과 유사한 형태로 이루어지는 발질이다. 다만 곧은 발질은 발이 앞축 등을 이용하여 빠르게 찔러 차는 발질이라면 는질러차기는 발바닥 전체 혹은 발뒤꿈치를 이용하여 밀어내는 발질이라고 할 수 있다. 는질러차기는 첫째, 원품에서 축이 되는 오른 다리로 체중을 이동한 뒤, 왼 무릎을 가슴에 닿도록 들어 올리며 허리를 살짝 뒤로 빼 준다.

둘째 발끝을 몸 쪽으로 당겨 발바닥 전체 혹은 발뒤꿈치가 정면을 향하도록 한 뒤 곧은 발질과 마찬가지의 궤적을 따라 앞쪽으로 길게 밀어 찬다.

셋째, 발이 나아가 궤적을 거꾸로 되짚어 원품으로 돌아온다. 는질러차기의 목표 지점은 주로 상대의 복부이며 상대를 친다기보다는 밀어낸다는 느낌으로 행한다.

1-1	2-1	2-2

⑦ Neun-jil-luh-cha-kee

Neun-jil-luh-cha-kee is a similar kick to Gohd-eun-bahl-jil. That was a thrusting kick using the tips of the toes. Neun-jil-luh-cha-kee pushes with the flat of the foot or heel. From Won-poom, switch your weight to the right leg and raise your left knee up to the chest as you lean slightly back.

Second, pull back your toes so your heel or the flat of your foot faces forward. Then thrust forward force

Third, trace the kick back to where it start and return to Won-poom. Usually this is used to the stomach. This pushes your opponent backwards rather than striking or doing damage.

2-3

3-1

3-2

논질러차기는 '늦은 배(아랫배를 의미한다고 함, 사전적 정의는 없음)'와 '지르다((사람이 무엇을 팔다리나 도구로)힘껏 치거나 건드리다)'에 차기가 연결된 명칭이라고 여겨진다. '늦은 배 숨고르기'가 택견의 호흡법의 명칭으로 자리 잡은 모양을 보건대, 늦은 배가 아랫배 혹은 하단전 부위를 칭한다고 추측된다. 따라서 논질러차기는 늦은 배 부위를 지르듯이 차는 발질이라는 말에서 유래한 것으로 볼 수 있다.
논질러차기의 메카니즘은 곧은 발질과 유사하나 그 주목적이 타격보다는 밀어내는데 있으므로 체중을 실어 상대를 밀어 낼 때, 자신이 밀려나지 않도록 축이 되는 다리에 충분한 힘을 주어 지탱하는 것이 중요하다. 또한 곧은 발질보다 근거리에서 발질이 사용되는 경우가 많다.

Neun-jil-luh-cha-kee can be divided into 'Nuh-zeun-bae'(which means lower stomach in Korean) and 'Ji-ruh-da'(forceful touching with hand, foot or tool). Considering Nuh-zeun-bae Soom-goh-roo-kee is the name of Taekgyeon breathing, we can guess Nuh-jeun-bae refers to lower abdomen. So we can think Neun-jil-luh-cha-kee comes from the expression of kicking to the lower abdomen.
The goal of this kick is pushing away so you have to make sure you have enough power in the supporting leg so you aren't pushed back. It is used in a shorter distance than Gohd-eun-bahl-jil.

⑧ 솟구치기

솟구치기는 위로 뛰어오르는 동작이다. 낭상이나 뛰어 갈기기와 같이 뛰어올라 공중에서 상대에게 발질을 하기 위한 기초수련이자 순발력을 기르기 위한 동작으로 볼 수 있다. 솟구치기는 첫째, 원품 상태에서 자세를 낮춘다.

둘째, 무릎의 반동을 이용하여 한껏 위로 뛰어 오른 후, 양 무릎을 가슴에 닿도록 끌어올린다.

셋째, 무릎과 발목의 탄력을 활용하여 몸에 충격이 없도록 다시 원품 상태로 착지한다.

> 는질러차기는 '늦은 배(아랫배를 의미한다고 함, 사전적 정의는 없음)'와 '지르다((사람이 무엇을 팔다리나 도구로)힘껏 치거나 건드리다)'에 차기가 연결된 명칭이라고 여겨진다. '늦은 배 숨고르기'가 택견의 호흡법의 명칭으로 자리 잡은 모양을 보건대, 늦은 배가 아랫배 혹은 하단전 부위를 칭한다고 추측된다. 따라서 는질러차기는 늦은 배 부위를 지르듯이 차는 발질이라는 말에서 유래한 것으로 볼 수 있다.
> 는질러차기의 메카니즘은 곧은 발질과 유사하나 그 주목적이 타격보다는 밀어내는데 있으므로 체중을 실어 상대를 밀어 낼 때, 자신이 밀려나지 않도록 축이 되는 다리에 충분한 힘을 주어 지탱하는 것이 중요하다. 또한 곧은 발질보다 근거리에서 발질이 사용되는 경우가 많다.

1-1

1-2

2-1

⑧ Soht-goo-chee-kee

Soht-goo-chee-kee is basically jumping upwards. This is basic training for jumping kicks such as Nahng-sahng or Dwee-uh Gahl-kee-kee. It also develops speed and agility, as well as strengthening your abdomen. First lower your body into Won-poom.

Next explode into the air using the recoil from your knees and raise your knees to your chest.

Third, use the elasticity in your knees and ankles to safely land back in Won-poom.

눈질러차기는 '늦은 배(아랫배를 의미한다고 함, 사전적 정의는 없음)'와 '지르다((사람이 무엇을 팔다리나 도구로)힘껏 치거나 건드리다)'에 차기가 연결된 명칭이라고 여겨진다. '늦은 배 숨고르기'가 택견의 호흡법의 명칭으로 자리 잡은 모양을 보건대, 늦은 배가 아랫배 혹은 하단전 부위를 칭한다고 추측된다. 따라서 눈질러차기는 늦은 배 부위를 지르듯이 차는 발질이라는 말에서 유래한 것으로 볼 수 있다.
눈질러차기의 메카니즘은 곧은 발질과 유사하나 그 주목적이 타격보다는 밀어내는데 있으므로 체중을 실어 상대를 밀어 낼 때, 자신이 밀려나지 않도록 축이 되는 다리에 충분한 힘을 주어 지탱하는 것이 중요하다. 또한 곧은 발질보다 근거리에서 발질이 사용되는 경우가 많다.

2-2

3-1

3-2

⑨ 뛰어돌기(돌개질)

뛰어돌기는 주로 돌개질이라는 표현이 사용된다. 돌개질은 솟구치기의 자세로 공중으로 뛰어올라 왼쪽 혹은 오른쪽으로 한바퀴 회전한 뒤 원래의 원품자세로 돌아오는 동작이다. 이는 공중으로 뛰어올라 돌아 차는 돌개차기 등의 발질을 위한 기초 수련 동작이다. 돌개질은 첫째, 원품상태에서 자세를 낮추며 몸을 돌고자 하는 반대 방향으로 가볍게 비튼다.

둘째, 몸 전체를 돌고자 하는 방향으로 비틀며 위로 뛰어오른다.

셋째, 한바퀴 회전한 뒤 본래의 원품자세로 안정감 있게 착지한다.

1-1

2-1

2-2

⑨ Dwee-uh-dohl-kee (Dohl-gae-jil)

Dwee-uh-dohl-kee(Dohl-gae-jil) is performing Soht-goo-chee-kee but jumping 360 degrees to the right or left and landing in Won-poom. This is basic training for jump spinning kicks such as Dohl-gae-cha-kee. First lower yourself into Won-poom and twist in the opposite way you're going to spin.

Then spring up as you twist your body in the intended direction.

Lastly, spin in one complete circle and land back in Won-poom.

2-3

3-1

3-2

돌개질의 경우 의외로 어지러움을 느끼고 착지할 때 이리저리 중심을 잃게 되는 경우가 많다. 우선 어지러움을 방지하고 빠르게 회전하기 위해서는 시선의 방향이 중요하다. 시선은 가능한 오랜 시간 동안 정면을 향해야 한다. 뛰어오른 후 몸이 절반쯤 회전할 때 까지는 정면에 시선을 고정한 후, 몸이 반쯤 회전 한 후에는 재빠르게 고개를 반대로 돌려 다시 정면을 바라본다. 이러한 방법을 통해 정면에 시선을 지속적으로 둘 수 있으며, 회전에 있어서도 더 빠른 회전력을 얻게 된다. 또한 지속적으로 시선이 정면에 고정되므로 어지러움도 덜하게 된다. 이는 발레 등의 무용수들이 지속적인 회전 동작을 할 때, 머리가 가능한 정면을 향하도록 연습하는 것과 같은 맥락이다.
돌개질을 함에 있어서 가장 어려운 부분은 공중에서 회전할 때 몸의 중심을 잃지 않는 것이다. 대부분의 초보들은 돌개질을 할 때 몸이 흔들려 이리저리 휘둘리게 되는데, 이는 몸의 중심선을 기준으로 좌우의 형태가 다르기 때문이다. 회전을 원활하고 안정감 있게 하기 위해서는 신체의 좌우를 동일한 모양으로 만들어 한쪽으로 원심력이 쏠리지 않도록 해야 한다. 또한 돌개질을 완전히 한 바퀴 도는 것을 상당히 어려운데 이는 실질적인 어려움보다는 동작을 본 뒤 나타나는 난이도에 대한 두려움의 영향이 크다고 여겨진다. 따라서 돌개질을 할 때는 편안한 마음으로 '쉬운 동작'이라는 자기최면 속에서 여유롭게 행하는 것이 중요하다. 돌개질을 하며 공중에 떠 있는 시간이 자신이 느끼는 것보다 길다고 생각하는 여유로운 마음가짐은 돌개질의 공중동작을 정확히 해내는 기초가 된다.

When you do Dohl-gae-jil people feel dizzy and lose balance when they land. So as to not feel dizzy and to achieve top spinning speed, you line of sight is important. It should remain directly in front as long as possible. When you jump and turn, your eyes should remain to the front until you turn half way around, then quickly adjust your head and look to the front again before your body completes the turn. This allows for a very quick spin with less of a dizzy feeling. This is the same concept as in ballet.

The most difficult part is not to lose balance when you spin in the air. Most beginners tend to lose balance because when they spin their right and left sides are unbalanced. So keep your spin stable and smooth with both sides balanced with each other. Many fear they cannot complete a complete turn. That is mostly a psychological issue. If you stay relaxed and imagine you are airborne longer than you are, you can easily complete a full turn.

(2) 걸어지기

걸어지기는 상대를 걸어 넘어뜨리는 걸이기술의 기초 동작들로 구성된다. 걸어지기에는 다리를 사용하여 상대의 다리를 걸어 당기거나 쳐 내어 공격하는 딴죽(비비기), 깎음다리, 낚시걸이, 안짱걸이의 동작과 상대의 목을 걸어 내리는 책상걸이, 그리고 다리 움직임의 준비동작이라 할 수 있는 무릎 올려재기 등의 동작과 손을 사용하여 상대의 목을 밀거나 당겨 공격하는 가로밀기와 세워밀기가 있다.

① 비비기(딴죽)

비비기는 흔히 딴죽이라고 불리는 기술의 기본수이다. 자신의 발바닥을 이용하여 상대의 안쪽 혹은 바깥쪽 발목 부위를 쳐내는 공격이다. 딴죽은 우선 원품 상태에서 축이 되는 오른 다리로 체중을 이동하며 왼발의 발목을 안쪽으로 꺾어 골프채 모양이 되도록 한 뒤, 발바닥의 한가운데를 이용하여 상대의 발목 복숭아뼈 부위를 찰싹하는 느낌으로 친다. 이때, 축이 되는 다리의 무릎을 살짝 굽혀 체중이동으로 생겨나는 운동에너지가 효율적으로 사용되도록 돕는다. 또한 상대의 발목은 자신이 품 내밟기를 할 때 내딛는 앞발의 위치에 존재한다고 가정한다. 둘째, 상대의 발목을 친 왼 발을 원품 상태로 되돌린다. 딴죽의 목표지점은 상대의 발목 부위로 발목의 안쪽을 노릴 경우 앞 딴죽, 바깥쪽을 노릴 경우 가로 딴죽이라고 구분하여 부른다.

1-1

1-2

1-3

(2) Guh-ruh-jee-kee

Guh-ruh-jee-kee is composed of the basic movements of Guh-ree-kee-sool(hooking techniques that lead to takedowns). There are Dahn-jook(Bee-bee-kee), Gahk-gum-dah-ree, Nahk-shee-guh-ree, Ahn-jang-guh-ree, Check-sang-guh-ree, Moo-reup-ohl-ryuh-jae-kee(more of a readying move than a hooking technique) and using your hand to push on the throat or pull your opponent such as Gah-roh-mil-kee and Say-wuh-mil-kee.

① Bee-bee-kee (Dahn-jook)

This is an attack using the flat of your foot / sole and hit the inside or the outside of opponent's ankle. Start from Won-poom and switch most of your weight to the right leg. Turn your left ankle(and your instep) inwards so it resembles a golf club, then swing in-wards and strike the ankle bone of your opponent with the middle of the flat of your foot. If you bend your supporting leg as you strike you can add the resulting kinetic energy into the strike. Imagine while you strike that the target is the forward point for Nac bahl kee. Lastly after hitting go back to Won-poom. The target is your opponent's ankle. If you target the inside of the ankle you call that Ahp-dahn-jook. If you target outside you call it Gah-roh-dahn-jook.

1-4

옆면 / side

나쁜 자세 / bad habit

딴죽을 사용함에 있어서 치는 발의 움직이는 궤적과 축이 되는 다리의 무릎 움직임에 대해서는 다양한 의견들이 있다. 상대의 발목을 가격함과 동시에 치는 발을 들어 올려 상대의 발목을 들어 올려야 한다는 의견도 있고, 단순히 수평으로 쳐내기만 하면 된다는 의견도 있다. 또 축이 되는 무릎을 굽혀 자세를 낮춰줌으로써 상대의 발목에 체중을 전달할 수 있다는 의견도 있으며 일어서는 동작을 통해 상대의 발목을 띄워야 한다는 의견도 있다. 필자의 경우는 딴죽을 행할 때, 축이 자연스레 낮아지며 원품에서 축이 되는 다리로 체중이 이동되는 운동에너지에 자세가 낮아지며 생겨나는 위치에너지를 더해야 한다는 관점을 지지한다. 특히, 딴죽을 치며 낮아진 자세는 딴죽에 대한 상대의 되치기 공격에 더욱 견고하게 대응이 가능하며 동시에 딴죽을 하는 자신의 중심을 더욱 안정되게 유지하는 근간이 되기 때문이다. 더욱이 허벅지 안쪽 근육을 사용하는 딴죽의 경우, 치는 근력이 상대적으로 약한 편이기에 가능한 운동에너지를 활용할 수 있는 방법을 강구하는 것이 더욱 낫기 때문이다.
또한, 필자는 딴죽을 치는 발의 궤적에 대해서는 동작의 기초 연습을 할 때에는 그저 지면과 수평이 되도록 움직이는 것이 효과적이라고 생각한다. 이는 발을 억지로 들어 올리는 연습을 하다 보면 무의식중에 목표지점보다 위쪽을 치는 경향이 생겨나 효과적인 딴죽을 방해하는 잘못된 습관으로 변할 수 있기 때문이다. 그러나 실제로 딴죽을 칠 때는 상황에 따라 상대의 발목을 따라 발을 들어 올려줘야 하는 경우도 존재한다.
딴죽을 치기위해 움직이는 다리의 무릎은 살짝 굽혀져야 한다. 다리를 꼿꼿이 펴고 딴죽을 칠 경우, 상대의 발목에 강하게 맞게 되면 그 충격이 고스란히 무릎으로 돌아오기 때문에 이를 완화하기 위해 필요한 자세이다. 또한 딴죽을 칠 때, 몸의 중심을 잡기위해 무의식중에 상체를 반대로 젖히는 경우가 있는데, 이는 되치기를 당하기 쉽고 자신의 중심이 흩어져버리는 부작용을 낳는다. 따라서 딴죽을 치기위해 체중이동을 할 때에는 발질의 경우와 마찬가지로 몸 전체를 바르게 세우고 몸 전체가 이동해야 한다.

There are controversies about the moving of the kicking leg and the bending of the supporting leg. Some say as soon as you hit the ankle, lift and push the ankle upwards slightly. Others say just hit and be done with it. Also some say bend the knee of the supporting leg, so you can better deliver your weight to your opponent's ankle. Once again some say when you straighten that knee you should lift your adversary's ankle together. For the writer, when I do Dahn-jook, I support the theory that you use kinetic energy from moving from Won-poom to one leg and swing out with your other leg, plus the potential energy from bending your supporting leg to make your stance lower. By lowering your stance, you set yourself in preparation for any counterattack as well as aiding in your initial attack. This is important as the primary muscle group employed is on the inside of the thigh and is relatively weak, so you need to find a way to increase the kinetic energy when you strike.

Also I believe when you practice this, you'd better move your feet horizontally with the ground, because if you practice lifting up your foot, it is easy to start striking higher up than the ankle bone. But sometimes, depending on the situation, you may have to lift up after striking to ensure a takedown but never in practice.

Also when hitting the knee from the striking leg needs to bent a little. If you do Dahn-jook with a straight leg and strike hard all that shock goes to your knee so bending your knee is a good idea. And, to maintain your body balance, do not lean back.

② 깎음다리(깎음걸이)

깎음다리는 말 그대로 상대의 다리를 깎아내리듯이 훑어 밟아 내리는 동작이다. 이 동작은 상대의 무릎 부위를 자신의 발로 깎듯이 밟아 내려 상대의 무릎을 꺾거나 다리 전체를 주저앉히는 동작이다. 깎음다리는 첫째, 축이 되는 오른 다리로 체중을 이동하면서 왼다리의 무릎을 접어 왼발을 높게 들어 올린다. 들어 올린 왼발은 상대의 무릎보다 높게 올라가야 하며, 왼발은 상대의 다리에 대한 접촉면적을 넓히기 위해 엄지발가락이 바깥쪽을 향하도록 돌려주어야 한다.

둘째, 들어 올린 왼발을 살짝 앞으로 미는 느낌으로 발바닥의 장심이 상대의 정강이나 무릎 윗부분을 밟아 내린다. 이때, 상대의 다리는 품 내밟기에서 자신의 앞발을 내딛는 위치에 있다고 가정하고 그 위치에 자신의 뒤꿈치가 지그시 밟아 눌러지도록 해야 한다. 깎음다리에 힘을 전달하기 위해 엉덩이를 가볍게 앞으로 밀어내어 자신의 체중이 목표점에 실릴 수 있도록 한다.

셋째, 지그시 내리누른 발을 원품의 위치로 되돌려 놓는다.

1-1	1-2	1-3

② Gahk-gum-dah-ree (Gahk-gum-guh-ree)

Gahk-gum-dah-ree is an attack where you hit your opponent's leg(or knee) and scraping downwards as though you were cutting. This forces your opponent's leg or knee collapse.

First you move your body weight to your right leg. Then lift the left knee, your foot must be higher than his knee. The big toe must be pointed outwards.

Then the left foot pushes forward and the middle of the flat of the foot / sole strikes right above the knee or shin, and scrape down hard until you hit the ground. To deliver the power to the leg push your hip slightly forward so to add your body weight onto the target.

And go back to Won-poom.

2-1

2-2

옆면 / side

깎음다리는 실제 대걸이나 맞서기 등의 견주기에서는 많이 사용되지 않는다. 아마도 무릎에 대한 부상 위험이 크기 때문인 것으로 사료된다. 따라서 깎음다리를 연습하거나 마주걸이 등의 대인 연습에서 활용할 때에도 깎음다리 동작을 제대로 활용하지 못하는 경우가 종종 발생한다. 그 이유는 깎음다리를 말 그대로 밟아 내리는 동작으로만 이해하기 때문이다. 즉, 위에서 아래로 밟아 내리기만하기 때문에 상대의 다리에 정확한 힘의 전달이 되지 못하고 아래로 미끄러져 내리게 되며 이로 인해 깎음다리가 효과적으로 구사되지 않기 때문인 것이다. 이를 해결하기 위해서는 깎음다리가 그저 밟아 내리는 것이 아닌, 상대방의 다리를 밀어서 훑어 내리는 것임을 명심할 필요가 있다. 즉, 상대의 무릎 위쪽 혹은 정강이 윗부분을 밀어주면서 밟게 되면 상대의 다리는 자연스레 뒤로 밀리면서 꺾이거나 뒤틀리게 되고 이를 통해 효과적인 깎음다리를 사용할 수 있게 된다. 그리고 이러한 밀며 밟아주는 동작은 엉덩이를 앞쪽으로 밀어 체중을 실어주며 밟아 내리는 동작을 통해 자연스레 이루어지게 되나 깎음다리를 하는 사람이 좀 더 신경을 써주어야 할 것이다.
한편, 종종 깎음다리가 상대의 발등을 밟아주는 용도로도 사용된다고 하는 경우도 있다. 그러나 실제로 택견에서 발등을 밟아서 상대를 공격하는 경우는 다른 기초 기술이나 마주메기기 등의 대인 연습 혹은 익힘수, 맞수 등의 고급 견주기 수련에서도 발견되지 않아 이에 대해 필자는 회의적인 입장이다.

Gahk-gum-dah-ree isn't used much in sparring. Maybe this is because there is a big chance to harm your opponent's knee. Perhaps it is better to be avoided in sparring.
Even when it is used many don't use it properly. When it is used it is simply to scrape downwards and NOT to strike the knee. To solve this problem you have to understand it is not just scraping down, it is more like pushing and scraping down.
On the other hand some claim it is used to step on someone's instep. However I've never seen someone stepping on someone's instep and following up with other techniques, so I find it hard to believe.

③ 낚시걸이

낚시걸이는 자신의 다리를 엄지가 안쪽으로 향하게 틀어 상대의 다리를 자신의 몸통 바깥으로 걸어 당기는 기술이다.

첫째, 원품상태에서 축이 되는 오른 다리로 체중을 이동한 뒤축이 되는 다리의 무릎을 굽히며 자세를 낮추고 왼다리를 안쪽으로 틀어 앞으로 낮게 뻗어준다. 이때 상대의 다리는 다른 걸이기술과 마찬가지로 품 내밟기의 앞발을 내딛는 위치에 있는 것으로 가정하여 그 다리를 걸 수 있도록 정면에서 오른쪽으로 살짝 치우친 방향으로 뻗어준다. 앞으로 내뻗은 다리는 발이 땅에 닿기 직전의 높이 정도로 사선으로 낮추어 뻗는다.

둘째, 굽힌 오른 무릎을 펴는 탄력을 활용하여 내뻗은 다리의 발목 부분을 사용하여 상대의 오금부위를 걸어 당긴다. 이때 자신의 왼 발은 지면의 바로 윗부분에서 자신의 엉덩이 방향으로 사선으로 끌어당겨 올린다. 이때 왼다리의 무릎은 첫째의 내뻗은 자세에서의 위치를 유지한다.

셋째, 다리의 힘을 풀며 원품으로 돌아온다. 낚시걸이는 상대 다리의 안쪽이나 바깥쪽에서 오금을 목표지점으로 걸게 된다.

1-1	1-2	2-1

③ Nak-shee-guh-ree

Nak-shee-guh-ree is when you twist your foot inwards and hook your opponent's leg outside of your body.

First, prepare from Won-poom and switch the weight to your right leg. Slightly raise your left foot and twist your foot inwards. Then extend your left leg forwards(keeping it almost to the ground) but slightly off to 'your' right side.

Secondly, straighten the supporting leg and use that momentum to help your out-stretched foot to hook the left calf of your opponent and pull him to you(diagonally towards your butt). The knee of your hooking leg never changes, you are hooking with your foot and heel.

Third, go back to Won-poom. This targets the back of knee or calf and can be done from the inside or the outside.

2-2	2-3	정면 / front

낚시걸이에서 가장 많이 나타나는 실수는 앞에서 설명한 첫째 동작에서 자신의 다리를 뻗을 때 상체가 같은 방향으로 틀어지는 것이다. 즉, 왼발을 뻗기 위해 왼쪽 어깨가 앞으로 틀어져 나가게 되는 경우인데, 이 경우 상대의 다리를 걸어 당기게 되면 내 몸의 중심이 틀어진 상태가 되므로 오히려 상대에게 끌려가게 된다. 따라서 낚시걸이를 할 경우에는 자신의 몸통이 가능한 정면을 향하도록 허리 아랫부분만을 틀어 다리를 뻗어주어야 한다.

또 한 가지 잊기 쉬운 점은 축이 되는 다리의 무릎을 굽혔다 펴는 굼실거림의 활용이다. 낚시걸이의 효과적인 활용을 위해서는 상대의 다리를 걸어 올려야 하는데 이때 축이 되는 다리의 굼실거림을 활용하게 된다면 '걸어 올리기 위한 다리의 움직임 궤적'이 훨씬 효과적이게 되며 동시에 축이 되는 다리의 탄력을 활용할 수 있어 자신의 힘을 효율적으로 사용하게 된다.

또한 어린 택견인들이 낚시걸이를 하면서 가장 많이 실수하는 점은 낚시걸이에서 자신의 발목이 걸어야할 위치를 잘못 잡게 되는 경우이다. 예를 들면 자신보다 키가 작은 상대에서 낚시걸이를 하면서 자신도 모르게 상대의 허벅지 등을 걸게 되는 경우가 많은데 상대의 허벅지는 걸어 당기기에는 너무 높고 허리에 가까워 들리지도 않는다. 이는 기본동작 연습을 할 때, 뻗는 다리를 낮추어주는 연습이 정확히 이루어지지 않기 때문이다. 따라서 기본 동작 연습에서 축이 되는 다리를 굽혀주는 동작과 내뻗는 다리를 아래로 향하도록 사선으로 내려주는 연습을 통해 상대의 오금을 정확히 겨냥할 수 있도록 해야 한다.

한편, 낚시걸이는 기본적으로 상대의 오금을 겨냥해 사용하게 되는데 필자는 개인적으로 아킬레스건 부위(종아리 아랫부분)를 겨냥하는 것을 선호한다. 오금 부위는 뜻밖에 버티는 힘이 세기도 하거니와 아킬레스건 부위를 걸어 당기게 되면 혹여 미끄러지게 되더라도 상대의 오금에 걸리게 되는 효과가 있기 때문이다. 한 가지 추가하자면, 낚시걸이나 덧걸이 등의 걸이기술에서 대체로 상대의 다리를 '걸어 당긴다'는 표현을 많이 사용하지만 실제로는 '쳐 당겨' 와야 한다는 것이다. 즉, 상대의 다리에 내 다리를 걸고 나서 힘으로 당기는 것보다는 상대의 다리보다 약간 뒤편으로 자신의 다리를 내 뻗어 발이 당겨 져오는 궤적의 중간에 상대의 다리를 위치시킨 후, 이를 빠르게 접어 당김으로써 상대의 다리를 치듯이(때리듯이) 걸어 당겨오는 것이 훨씬 효과적이다.

The most common mistake is twisting your body as you stretch your leg forward. When you hook the leg along your center line you will be pulled rather than you doing the pulling. So make sure your torso is always facing straight forwards with your hip slightly twisted towards where ever you need to kick.

Another point easily forgotten is using the Goom-shil of your supporting leg(bend your supporting leg then straighten up). To maximize the effect of this hook, you need to hook and up your opponent's leg. If you use your supporting leg's Goom-shil, this hook and pull up becomes a lot more effective.

Another common mistake for younger practitioners is missing the exact hooking point. For example, if your opponent is shorter than you and you don't take that into account and end up hooking the back of his thigh, you will be unable to lift him. This comes from not practicing with your hooking leg starting out as low. That is the only way to make sure you can always target the back of the knee.

As mentioned above, the usual target is back of the knee but I prefer targeting the lower calf, the Achilles tendon specifically. I find if the defender is very strong and is prepared for you the back of the knee may not work. With my idea, even if you miss the Achilles you will only end up slipping 'upwards' allowing you to still hook. One more point, when you do hooking technique usually you say 'hook and pull', but actually it means 'hit and pull'. If you hook like you are hitting, it is much more effective.

④ 안짱걸이

안짱걸이는 자신의 발을 안쪽으로 틀어 갈고리 모양으로 만든 후 상대의 발목이나 오금을 걸어 당기는 기술이다.

안짱걸이는 첫째, 원품에서 축이 되는 오른 다리로 체중을 이동하면서 오른 무릎을 굽힌다. 왼 발목을 틀어 왼발 엄지발가락이 자신의 중심을 향하고 발바닥은 지면을 향하도록 끌어당긴 상태에서 고정시킨다. 이렇게 갈고리 모양을 만든 왼다리를 곧게 편 채 앞으로 낮게 상대의 발목을 향해 뻗어준다. 이때 발 높이는 지면에 닿기 직전의 높이를 유지한다.

둘째, 상대의 발목 뒤편에 자신의 왼발을 걸어 축이 되는 다리가 일어서는 탄력으로 상대의 발목을 끌어당긴다. 이때 상대의 발목을 당기는 왼쪽다리가 굽혀지지 않도록 하여 상대의 발이 지면을 스치듯이 끌려오도록 한다. 끌어당긴 자신의 왼발은 축이 되는 오른발 바로 위로 오게 되는데, 이 때, 왼쪽 엄지발가락과 오른쪽 엄지발가락이 교차되며 양 발이 정삼각형의 모양을 이루도록 한다.

셋째, 다리의 힘을 풀며 원품으로 돌아간다. 안짱걸이는 기본 동작 연습에서는 상대의 발목을 목표 지점으로 하며 실전에서 활용할 때는 상대의 오금을 걸어 당기기도 한다.

안짱걸이 시 엄지발가락이 하늘을 보게 걸어야 상대의 발목이 빠져 나가는 것을 방지 할 수 있다.

1-1

1-2

2-1

④ Ahn-jang-guh-ree

Ahn-jang-guh-ree is twisting your foot inwards and outstretching it to reach the back of the ankle or knee of your opponent and pushing him into you.

You start in Won-poom switch the weight to your right leg and bend it slightly. Then lift the left foot and turn the foot, so the big toe towards your centerline with the flat of your foot facing down. Stretch your foot towards your opponent's ankle. Be sure your foot is barely above ground.

Second, hook behind your opponent's ankle and pull using the momentum of your right leg straightening up. Be sure the left leg does not bend at all. When you pull in try to have your left big toe pass over your right foot.

Lastly, relax and go back to Won-poom. The usual target is the back of the ankle, but in a real fight the back of the knee works very well(sometimes you can even find bending the hooking leg useful). Another point is if you can also twist your foot slightly, so your big toe is not just facing inwards but upwards as well. This would help ensure your hook doesn't slip.

2-2

옆면 / side (2-1)

옆면 / side (2-2)

안짱걸이라는 명칭은 둘째 동작이 끝날 때 양발의 엄지발가락이 교차하고 두 발이 삼각형으로 안쪽으로 틀어진 모양이 일반적으로 말하는 안짱다리(두 발의 끝이 안쪽으로 향해 굽은 다리. 또는 그렇게 걷는 사람)와 유사해 유래된 명칭으로 보인다.
안짱걸이를 연습하는 기본 동작은 항상 거는 다리를 쭉 편 채 축이 되는 다리의 굼실대는 탄력을 활용하여 걸어 당기도록 한다. 이는 거는 다리의 무릎을 접어 올리다가 상대의 발목을 당기기보다는 들어 올리는 형태로 기술이 변질되어 상대의 발목을 쉽게 놓치는 일이 생기지 않도록 하기 위한 것으로 여겨진다. 그러나 다리를 편 채로 상대의 발목을 끌어오는 것은 힘든 일이다. 따라서 굽힌 축 다리의 무릎을 펼 때 자신의 몸을 약간 뒤편으로 눕히는 기분으로 일어선다면 안짱걸이에 필요한 힘을 효율적으로 활용할 수 있다. 실전에서의 안짱걸이는 상대의 발목 뿐 아니라 오금을 걸어 당기는 데에도 사용되며 경우에 따라 거는 다리의 무릎을 접어 당기면서 사용하기도 한다.

The name of Ahn-jang-guh-ree is from the shape that your feet make if both big toes are twisted inwards(Ahn-jang). Once again be sure the hooking leg is straight and you take advantage of the Goom-shil from the straightening of the supporting leg to perform the hook. If you bend your front knee then your opponent can easily resist your hooking attempt. The reasoning for implementing the straightening of the supporting leg is without it your hook would have little power behind it.

⑤ 무릎 올려재기

무릎 올려재기는 원품상태에서 양 무릎을 번갈아 가슴으로 들어 올리는 동작이다. 첫째, 원품상태에서 축이 되는 오른 다리로 체중을 이동하며 왼 무릎을 접어 가슴에 닿도록 끌어올린다. 이때 몸의 방향은 발질을 할 때와 마찬가지로 왼쪽 어깨가 15~30° 가량 앞으로 나가도록 자연스럽게 틀어준다. 둘째, 왼다리를 원품 상태로 되돌린다. 무릎 올려재기는 대체로 고관절을 풀거나 발질을 위한 연습 동작으로 많이 활용된다.

무릎 올려재기는 고관절 스트레칭과 다리를 들어올리기 위한 기초 체력 단련 이외에는 그 용도가 분명치 않다. 걸어지기에 배분되어 있지만 실제로 걸이기술에는 이와 유사한 움직임을 가지는 기술이 없으며 이를 응용한 동작도 잘 나타나지 않는다. 실제 견주기에 들어가면 상대의 안쪽 허벅다리를 낚시걸이의 형태로 걸어 올려 넘기는 유도의 안허벅다리와 유사한 형태로 진행되는 안낚시걸이나 상대를 들어 올려 허리나 허벅지를 받침 축으로 하여 상대를 넘기는 엉덩잽이의 형태에 이와 유사한 허벅지 움직임이 나타나기는 한다. 그러나 무릎 올려재기를 지속적으로 수련하면 무릎을 채 올리는 순간에도 몸을 편하게 사용할 수 있는 각도와 타이밍을 익힐 수 있으며 다리를 올리기 위한 복근과 허벅지 근육을 단련하고 고관절의 유연성을 기를 수 있으므로 지속적인 수련이 필수적이다.

1-1

1-2

1-3

⑤ Moo-reup-ohl-ryuh-jae-kee

Moo-reup-ohl-ryuh-jae-kee is the movement from you simply raise your kicking knee up high to your chest. This is done from Won-poom of course with weight being switched to the opposite leg. Be sure that the shoulder of the kicking leg is turned inwards 15 to 30 degrees as you raise the knee. Then, go back to Won-poom. Repeat on the other side. This helps in warming up or practicing kicking.

> The usage of Moo-reup-ohl-ryuh-jae-kee isn't really clear aside from basic training. However if you keep practicing this move, you can get your timing and angle down as you strengthen your thighs, hips, and abdomen. For these reasons alone it is important.

2-1

2-2

2-3

⑥ 책상걸이

책상걸이는 앞서 배운 저기치기를 상대의 목을 향해 펼쳐 상대의 목을 걸어 내리누르는 기술이다. 이는 상대가 가만히 서있기보다는 자신의 다리를 잡으러 상체를 숙이고 들어올 때 활용된다. 책상걸이는 세 동작으로 구분된다.

첫째, 원품상태에서 축이 되는 오른다리로 체중을 이동하며 왼 다리를 엄지발가락이 바깥쪽으로 향하도록 틀어 왼쪽 45° 방향으로 높이 들어올린다.

둘째, 왼 다리를 안쪽으로 돌리며 자신의 오금을 굽혀 만들어진 갈고리 모양의 다리에 상대의 목이 걸리도록 한 후, 축이 되는 다리의 무릎을 낮추며 내리누른다. 내리누르는 왼다리는 축이 되는 다리의 무릎 높이에 발목이 왔을 때 정지한다.

셋째, 원품으로 자연스레 되돌아간다.

책상걸이는 둘째 동작에서 상대의 목을 걸어 내리누른 후 멈춘 자세가 책상에 다리를 꼬고 앉은 자세와 비슷하다고 하여 불리는 명칭으로 여겨진다. 책상걸이에서 중요한 점은 상대의 목을 걸었을 때, 자세가 낮아지며 체중을 이용해 상대를 내리눌러야 한다는 것이다. 그렇지 않으면 오히려 자신이 들려져서 넘어지게 된다. 한편 책상걸이는 실전에서 사용되는 경우가 매우 드물다.

1-1

1-2

1-3

⑥ Check-sang-guh-ree

Check-sang-guh-ree is the same technique as Juh-kee-chee-kee but to your opponent's neck and pulling down. This is used when your opponent bends over to grab your leg or for a similar reason.

First, prepare from Won-poom and switch the weight to your right leg. Lift your left leg and twist your foot to the outside. Raise the leg 45 degrees to the left.

Second, hook with your heel around his neck and pull back towards you in reverse as you bend your supporting leg. Your left heel should stop about the level of your right knee.

Then, go back to Won-poom.

> Check-sang-guh-ree is from when you finish the hooking technique. It looks as if you are seated at a desk with one leg across your knee. Check-sang means desk in Korean. Be sure you are not just pulling with your kicking leg. The lowering of your supporting leg will help a lot! Otherwise you can get knocked down easily. It is seldom seen in street combat.

1-1

1-2

1-3

⑦ 가로밀기

가로밀기는 손을 사용하여 상대의 목을 자신의 중심에서 바깥쪽과 뒤쪽으로 밀어 내는 동작이다. 가로밀기는 대체로 세 부분으로 구성된다.

첫째, 원품상태에서 무릎을 낮추며 왼손을 오른쪽 겨드랑이 앞으로 끌어올린다. 이때 왼손은 손등이 하늘을 향한 채로 편안히 끌어올려져야 한다.

둘째, 무릎을 펴는 탄력을 이용하여 왼손을 오른쪽 겨드랑이로부터 자신의 중심 연장선을 향하여 밀어 내뻗는다. 왼손이 오른 겨드랑이에서 중심선을 향하도록 내밀어지기 때문에 왼손의 동선은 약 15° 정도 비스듬히 정면을 향하는 직선이 된다. 이때 왼손은 손가락을 다 붙인 채로 곧게 펴며, 손끝이 오른쪽 45° 상방을 향해야 하고 손 바깥날이 전방 45°를 향하도록 몸쪽으로 손끝을 당겨주어야 한다.

셋째, 왼팔의 힘을 빼고 편안히 팔을 내려준다. 오른쪽도 동일한 방법으로 수련한다. 이 가로밀기는 상대의 목을 목표지점으로 한다.

1-1	1-2	1-3

⑦ Gah-roh-mil-kee

Gah-roh-mil-kee is the movement using your hands and pushing your opponent's throat to the back or away from you.

First, start from Won-poom and lower BOTH knees. Raise your left hand to the front of your right armpit. The fingertips should be closed but relaxed. Your palm should face down.

As you straighten your legs, lift your hand and push the edge of your hand forward. The route of your hand from the armpit to the centerline should be roughly 15 degrees. The fingers should point upwards at 45 degrees and the palm itself is pointed at your opponent at 45 degrees.

Lastly, relax your arms and repeat from the other side. The target is the throat as I said.

2-1

2-2

옆면 / side

가로밀기의 핵심은 상대의 목을 밀어 중심을 무너뜨리는 것이다. 이때 밀어주는 목의 부위는 정면의 울대가 아니라 비스듬한 측면의 경동맥이 지나는 위치로 보는 것이 좋다. 또한 미는 방향 역시 상대의 정확한 뒤 방향을 향하는 것이 아니라 비스듬한 대각선 방향을 향하게 되므로 상대의 입장에서는 힘을 주어 저항하기 어렵게 된다.

가로밀기에서 주의할 점은 단순히 가로밀기에서 끝나는 것이 아니라 밀려 중심이 흐트러진 상대의 목을 내가 원하는 방향으로 채 올수 있는 준비가 되어 있어야 한다는 것이다. 예를 들면, 뒤편으로 비스듬하게 밀려난 상대의 목을 손목으로 감아 원을 그리듯이 잡아챔(덜미잽이)으로서 상대의 무너진 신체 중심을 활용한 걸이 기술로의 연결이 가능하게 되며 상대의 신체를 자신의 통제 아래에 둘 수 있다.

가로밀기를 할 때에는 갑작스러운 빠른 움직임보다는 느긋하게 힘을 전달하는 것이 상대의 목을 제압하는데 용이하다. 또한 빠른 속도로 상대를 향해 치듯이 사용할 경우, 손날치기의 형태로 손을 이용한 타격이 가능하게 된다. 나아가 가로밀기가 익숙해질 경우, 가로밀기를 위한 손을 겨드랑이까지 끌어올린 후 밀어주기 보다는 허리춤에서 상대의 목을 향해 비스듬히 밀어 올릴 수 있도록 연습한다.

The basic idea is to push the area near the carotid artery and unbalance your opponent. As it is not a simple push backwards(angled off instead), it is hard to resist the pressure. This is not necessarily the end of the technique. After you unbalance him you can quickly hook his neck and pull him into you or simply control him.
When you do Gah-roh-mil-kee, rather than rushing the maneuver, you had better smoothly push so as to easily gain control of your opponent's neck. If your desire is to actually harm him you can snap it out and strike, making the technique Sohn-nahl-chee-kee. After you get comfortable with Gah-roh-mil-kee you can even practice having it come your waist to truly surprise your opponent.

⑧ 세워밀기

세워밀기는 가로밀기의 반대방향으로 상대의 목을 밀어주는 기술이다.

첫째, 원품상태에서 왼 팔을 앞쪽으로 곧게 뻗어 왼쪽 귀에 왼팔의 윗부분이 닿도록 위쪽으로 반듯이 들어 올려 준다. 이때 손목은 활갯짓에서의 손목 움직임 원칙에 따라 깃털처럼 낭창거리게 한다. 즉, 팔을 올릴 때는 손끝이 아래로 향하도록 굽혀져야 하며, 귀에 도달하여 팔이 멈추게 되면 손목이 자연스레 뒤로 젖혀져야 한다. 이때, 손등이 자신의 뒤 방향을 향해야 한다.

둘째, 왼손을 손바닥이 안쪽을 향하도록 회전시키며 왼팔을 그대로 앞을 향해 어깨높이까지 내려준다. 이때 허리를 오른쪽으로 회전하여 왼 손이 상대의 목을 자신의 중심에서 오른쪽으로 밀 수 있도록 한다. 주의할 점은 팔이 안쪽으로 휘어져 움직이는 것이 아니라, 수직으로 내려오는 팔의 움직임에 수평으로 틀어지는 허리의 움직임이 합쳐져 아래를 향하는 완만한 대각선의 움직임을 이룬다는 것이다. 이때, 손목은 활갯짓의 기본 움직임에 맞추어 자연스레 젖혀져야 한다. 오른쪽 역시 동일하게 수행한다. 세워밀기의 목표지점 역시 상대의 목이 된다.

셋째, 자연스레 왼 팔을 내려 원품자세로 돌아온다.

1-1	1-2	2-1

⑧ Say-wuh-mil-kee

Say-wuh-mil-kee is pushing the neck away once more but in the opposite direction of Gah-roh-mil-kee.

From Won-poom, raise your left arm forwards until your upper arm reaches your ear. Your wrist is relaxed as a feather so the tips of your fingers droop downwards.

At the end of the raised movement, snap your wrist backwards so the palm of your hand is facing upwards. Start to lower your arm to shoulder level. As you do this rotate your wrist so your hand ends up in line with your arm. Immediately after twist your hip to the right so your left hand naturally swings into your opponent's neck allowing you to push him away.

Lastly, go back to Won-poom in natural.

2-2

옆면 / side (2-1)

옆면 / side (2-2)

세워밀기에서 가장 많은 실수가 나오는 점은 들어 올린 팔이 그대로 수직으로 아래로 향해야 하며 허리가 틀어져 안쪽으로 밀어주는 움직임이 나온다는 사실을 잊는 것이다. 즉, 세워밀기를 하기 위해 들어 올린 팔을 밖으로 벌렸다가 안으로 밀어주는 실수를 하게 되는데, 이 경우, 필요 이상으로 벌어진 어깨의 각도로 인해 상대를 밀 때 자신의 어깨에 과부하가 걸리게 된다. 따라서 세워밀기를 할 때에는 들어 올린 팔을 자신의 몸통 폭 밖으로 벌려 밀지 않도록 집중해야 한다. 상대의 목을 안쪽으로 밀어주는 역할을 하는 것은 팔이 아닌 허리의 회전이다.
세워밀기 역시 빠른 속도로 사용하게 되면 상대의 목이나 턱을 가격하는 손날치기의 형태로 활용이 가능하며, 상대의 목을 밀고 난 후, 손목으로 상대의 목을 감아 챌(덜미걸이) 준비가 되어 있어야 한다. 또한 세워밀기는 가로밀기와 달리 위에서 아래 방향으로 힘을 전달하기 때문에 무릎의 굼실거림(굽혔다 펴는 아래에서 위로 향하는 탄력)을 이용하지 않는다.

When doing Say-wuh-mil-kee a common error is forgetting the raised arm's downward direction is at exactly the same angle(straight down). Another point forgotten is the twisting of the hip to achieve the pushing of the hand against the neck.
If you use Say-wuh-mil-kee with speed it can be another Sohn-nahl-chee-kee to the side of the neck or jaw. After the push you must grab the neck immediately to ensure control. It uses the power from the arm dropping so no Goom-shil with the legs is needed.

3. 나아가며 익히기

나아가며 익히기는 상대를 향해 전진하는 움직임을 기초로 택견의 기본 동작을 수련하는 과정이다. 나아가며 익히기에는 걸음걸이와 발질, 손질, 활갯짓이 있다. 걸음걸이는 나아가며 익히기의 가장 기본인 전진을 위한 발동작이 있으며, 이는 품 내밟기 및 째밟기의 확장 형태로 이루어진다. 발질에서는 활갯짓과 걸어지기 및 들어차기의 동작이 조화된 기초 기술이 들어가게 되며, 손질에서는 상대에게 다가가 목을 잡아채는 동작 및 활개와 걸음걸이의 조화된 동작이 포함된다. 끝으로 나아가며 익히기의 활갯짓에는 걷기와 조화된 활개의 움직임이 포함된다.

(1) 걸음걸이

걸음걸이는 말 그대로 상대를 향해 걸어가는 동작을 의미한다. 걸음걸이에는 걷기와 째걷기의 두 가지 형태가 있다.

1-1

1-2

1-3

3. Nah-ah-gah-myuh Ik-hee-kee (Practicing While Stepping)

Learning while you advance forward is a process to train Taekgyeon's basic movements based on the concept of approaching your opponent. There are Guh-ruhm-guh-ree, Bahl-jil, Sohn-jil and Hwahl-get-jit in this practice(in Korean, Nah-ah-gah-myuh Ik-kee-kee). Guh-ruhm-guh-ree is the foot movements used in advancing upon a target, therefore the most basic skill used in Nah-ah-gah-myuh Ik-hee-kee. Guh-ruhm-guh-ree is an extension of Poom Nae-bahl-kee and Jae-bahl-kee. When you do Bahl-jil, you need basic skills which are harmonized with Hwahl-get-jit, Guh-ruh-jee-kee and Duh-ruh-cha-kee. When you do Sohn-jil, you need harmony as you approach your opponent and snatch his neck in addition to Hwahl-gae and Guh-ruhm-guh-ree. Lastly the actions of Hwahl-get-jit are harmonized with the steps of Guht-kee(NOT Guhl-kee, which means 'scratching').

(1) Guh-ruhm-guh-ree

Literally means the movement of walking towards your opponent. The two forms are Guht kee and Jae-guht-kee.

2-1

2-2

2-3

① 걷기

걷기는 상대를 향해 한발씩 걸어가는 기본적인 걸음걸이이다. 걷기 동작은 양발이 원품의 형태와 마찬가지로 좌우로 45° 벌어진 상태로 이동하게 된다. 걷기 동작은

첫째, 원품 상태에서 축이 되는 오른 다리로 체중을 이동하며 무릎을 굽히고 왼 발을 자연스레 오른 발 옆으로 당겨온다.

둘째, 굽힌 오른 다리를 펴는 탄력을 이용하여 당겨온 왼 발을 왼쪽 45° 방향에 내딛는다. 이때 상체는 자연스레 왼발 끝과 같이 좌측 45° 방향을 향하도록 틀어주며 시선은 정면을 바라본다. 또한 중심은 왼발로 이동하여야 한다. 걷기는 이렇게 두 부분으로 이루어진다. 또한 둘째 동작이 끝남과 동시에 체중을 완전히 왼 다리로 이동하고 무릎을 굽히며 오른 발을 끌어당겨 다음 오른 발을 내딛는 걷기로 연결한다.

걷기는 상대를 향해 직선적인 움직임으로 다가가는 동작이다. 이때 주의할 점은 상체가 내딛는 발의 끝, 즉 내딛는 발쪽 45° 방향을 향하도록 함으로서 상대에게 신체의 정면이 고스란히 노출되지 않도록 하는 것이다.
또 주의할 점은 축이 되는 다리의 탄력을 활용하여 우쭐거리듯이 내딛는 걸음이어야 하되 신체의 중심을 두 다리가 펴진 상태에서 두 다리의 가운데에 두지 말고 한쪽 다리에 두도록 해야 한다는 것과 자신의 중심을 내던지듯이 걷지 말아야 한다는 것이다. 이렇게 해야 상대에게 자신의 다리가 공격당할지라도 체중을 손쉽게 이동하여 방어하거나 역으로 공격할 수 있다. 또한 굽혀진 다리의 탄력을 활용할 수 있도록 항상 염두에 두어야 한다.

① Guht-kee

Guht-kee is basic Guh-ruhm-guh-ree to walk towards your opponent. The action of Guht-kee is moving both feet at 45 degrees as you do Won-poom.

First, from Won-poom, shift your body weight slightly to the right leg and bend your knee slightly as you pull your left foot next to your right foot.

Second, use that momentum to straighten the bent leg and step forwards and down with your left foot 45 degrees to your left. As you do this, your upper body naturally turns 45 degrees in the same direction as the lead foot. Your line of sight remains forward. A further point is when you do step down your weight goes slightly to the lead foot. After you transfer the weight, bend that knee in preparation for the rear foot to come up and in, so it can step forward as well(at 45 degrees of course).

Guht-kee is a direct(straight) line towards your adversary. When you do this, take care that your upper body is moving the same direction as your lead foot to avoid leaving your torso open to attack.

Another point is that your body weight must always be one side or the other. When you step there should be a slight springiness to the step generated from your supporting leg straightening. If you watch these points, even if your legs are attacked it is quite easy to evade or counter-attack. You must always be ready to use your supporting leg's momentum.

② 째걷기

째걷기는 걷기 동작을 좌우 방향으로 넓힌 걸음걸이이다. 이는 째밟기가 내밟기의 움직임의 형태를 좌우로 넓힌 개념인 것과 동일 선상에서 이해할 수 있다. 즉, 걷기로 정면을 향해 다가가는 움직임을 좌우로 폭을 넓혀 상대의 측면을 향해 빠져들어가기 위한 움직임인 것이다.

째걷기는 첫째, 원품 상태에서 오른발로 체중을 이동한 뒤 왼발을 들어 왼 발목이 오른 다리의 무릎 안쪽에 밀착하도록 당겨 붙인다. 이어서 들어 올린 왼 다리를 부채 모양을 그리듯 밖으로 휘둘러 내딛는다. 이때 앞으로 전진 하는 거리는 걷기와 유사한 정도로 하며, 대신 좌측으로 1.5배 이상의 폭을 내딛는다. 이때 중심이 쿵 하고 떨어지지 않고 자신이 중심을 조절 할 수 있도록 오른 다리를 낮추어 주며 체중이동에 주의한다.

둘째, 내딛은 왼다리로 중심을 이동하며 아랫배를 튕겨내는 힘으로 우뚝 일어선다. 이때 오른 다리는 끌어당겨 왼 무릎 안쪽에 오른 발목이 밀착하고 오른 무릎은 좌측 45° 방향(왼발과 같은 방향)을 향하도록 한다. 이어지는 오른 다리의 두 번째 째걷기부터는 들어 올린 오른 다리를 내딛는 동작이 첫째 동작이 된다. 이 역시 지속적으로 연결되는 동작임을 신경 써야 한다.

1-1

1-2

1-3

② Jae-guht-kee

Jae-guht-kee is similar to the first but you step out wider to the right or left. This is the same idea as Jae-bahl-kee is the extended version of Nae-bahl-kee(to the right or left). In other words you are using Guht-kee to shorten the distance, but with this going offside to target the side of your opponent.

To perform this first, from Won-poom shift your body weight to your right leg and lift your left foot, so your ankle is resting on the side of your right knee. That raised knee should point 45 degrees to the RIGHT. Then, swing the lifted leg outwards in a fan-like motion to the left. The actual distance traveled forwards is the same, but when you take into account the distance taken to the side the distance is actually 1.5 x that of Guht-kee. You have to be careful not to just 'drop' when you step outwards. So to do that lower yourself on your supporting leg and control your stepping leg.

Secondly, shift your bodyweight to your left leg and slightly push outwards with your lowcr abdomcn to gcncratc morc cncrgy a3 you 3tand upright. Right aftcr, pull your back leg forward till the ankle is touching the inside of the knee of the supporting leg. That raised knee should point 45 degrees to the LEFT. Then, perform the second Jae-guht-kee by stepping outwards to the right(like a fan) with the right foot. Make sure this sequence of movements are fluid and not static.

2-1

2-2

2-3

짜걷기를 수련할 때 가장 많이 나타나는 실수는 연속적으로 이어지는 짜걷기의 시작과 마무리 동작을 헷갈리는 것이다. 즉, 축이 되는 다리로 우뚝 서서 한 다리를 들어 올려 축의 무릎에 발목을 붙인 상태가 한 번의 짜걷기를 마무리 짓는 동작인데 종종 들어 올린 다리를 내딛은 상태를 마무리로 인식하는 경우가 있는 것이다. 이 자세는 두 다리가 앞뒤, 양 옆으로 잔뜩 벌어지고 중심이 그 가운데 있는 자세로 상대의 공격이나 움직임에 대응하기엔 매우 어려운 자세이다. 따라서 짜걷기를 할 때는 두 다리가 넓게 벌어진 상태를 가능한 짧은 순간에 지나가도록 하여야 한다. 이를 위해 들어 올린 다리를 내딛은 후에는 아랫배의 탄력(뱃심)을 활용하여 체중을 새로운 축이 되는 다리로 재빠르게 이동하며 튕겨 일어서고 축이 되었던 다리를 끌어 올려 다음 동작을 대비하여야 한다.

The most common mistake when doing Jae-guht-kee is confusing the starting and finishing movements. In other words, standing on the supporting leg and lifting the other ankle to the inside of the knee is the finishing movement. Many believe that placing the lifted leg outwards and down is the finishing movement. That is a mistake, because in this case if two legs are wide apart and side-to-side, your bodyweight is in the middle. That position makes you vulnerable to attack. So when you do Jae-guht-kee you had better make sure the moment that the two legs are wide apart is as brief as possible.

(2) 발질(발길질, 발걸이)

발질에는 발로 차는 기술을 의미하는 발길질 기술 여섯 가지와 상대의 다리 등을 거는 기술을 의미하는 발걸이 기술 여섯 가지 등 총 열두 가지의 기본 움직임이 있다. 나아가며 익히기의 발질은 서서 익히기의 들어차기와 걸어지기의 다리 움직임에 활개의 움직임을 더한 실질적인 활용기술의 기본 움직임이다. 발질에서 왼쪽 다리와 왼쪽 팔, 혹은 오른 다리와 오른 팔 등 같은 측면의 팔다리를 동시에 사용하는 경우는 '맞'이라 칭하며, 왼쪽 다리와 오른팔, 오른 다리와 왼 팔 등 엇갈린 방향의 팔다리를 동시에 사용하는 경우는 '엇'이라 칭한다. 또한 나아가며 익히기의 모든 움직임을 수련할 때는 팔이 아닌 다리를 기준으로 왼 다리부터 수련한다.

이러한 맞과 엇의 구분은 초보 수련단계에서는 오히려 혼동을 일으키는 원인이 되기도 한다. 그러나 이렇게 맞과 엇을 구분하고 이를 몸에 익히는 이유는 발길질의 경우, 활갯짓과 조화되어 발을 찰 때 몸의 중심을 잡아주며 발길질을 할 때 필요 이상으로 움직이는 어깨를 고정시키는 훈련을 자연스럽게 하게 만들어 줌으로써 상대가 자신의 공격을 예측하기 어렵게 만들 수 있기 때문이다. 또한 발길질과 조합되는 각각의 활갯짓이 발길질이 목표하는 방향으로 자연스런 체중과 힘의 이동이 가능하도록 허리의 움직임을 이끌어 주는 역할을 하므로 매우 중요하다.
또한 발걸이의 경우, 맞과 엇의 구별은 상대를 걸어 넘기기 위한 각각의 발걸이 기술에 가장 적절하게 조합되는 손질과 그 움직임의 방향을 자연스레 연습하게 해 줌으로써 각 걸이기술 동작의 연결성과 정확성에 도움을 주게 된다.

(2) Bahl-jil (Bahl-gil-jil, Bahl-guh-ree)

In Bahl-jil there are 12 basic movements. Six in Bahl-gil-jil(kicking) and six in Bahl-guh-ree(hooking and sweeping). Bahl-jil is practical when you add Hwahl-get-jit to Duh-ruh-cha-kee and Guh-ruh-jee-kee. When you do Bahl-jil and you use your left arm at the same time as your left leg, this is called Maht. If you use your left arm and right leg(and vice versa), this is called Uht. When you train all of the elements of Nah-ah-gah-myuh Ik-kee-kee, you start with the left leg.

When trying to differentiate Maht and Uht, it can be confusing to beginners. However the reason you have to fully understand the differences between the two is because when you do Bahl-gil-jil you use Hwahl-get-jit together it helps in keeping balance and keeps your shoulders stationary(keeping you from telegraphing your movements). Also every Hwahl-get-jit when used with Bahl-gil-jil, helps you move your waist and shift your bodyweight more naturally. Needless to say it is crucial. When you hook and sweep to topple your adversary as in Bahl-gu-ree, Maht and Uht when used with Hwael-get-jit, helps each foot technique's connection and accuracy.

① 걷어차기(엇-크게 제치기)

크게 제치고 걷어차기는 엇으로 이루어지는 동작으로서, 걷어차기와 활갯짓 한 손 제치기를 동시에 하게 된다.

첫째, 원품상태에서 축이 되는 오른 다리로 체중을 이동하며 오른 손을 크게 제치기 한다. 이때, 크게 제치기라 함은 기본 동작의 한 손 제치기가 어깨 높이인 것에 비해 높게 즉, 머리 높이로 제치는 것을 의미한다. 제치기가 옆으로 벌어지는 각도는 기본 동작의 제치기와 동일하다.

둘째, 오른 손의 크게 제치기가 끝남과 동시에 왼 발을 이용하여 걷어차기를 한다. 이때, 오른 손의 제치기는 크게 제친 상태를 발질이 끝날 때까지 유지한다.

셋째, 걷어차기가 끝남과 동시에 크게 제치기를 한 오른 손과 걷어차기 한 왼 발을 회수하고 왼발을 걷기의 형태로 내딛는다. 이어지는 오른 발의 경우는 내딛은 왼 다리로 중심을 이동하며 왼 손 제치기를 실시함으로써 이어진다.

1-1	1-2	2-1

① Guh-duh-cha-kee (Uht, Kuh-gae Jay-chee-kee)

Kuh-gae(high) Jay-chee-kee and Guh-duh-cha-kee when done together is using the concept of Uht. You are doing Guh-duh-cha-kee and Han-sohn Jay-chee-kee of Hwahl-get-jit at the same time.

First from Won-poom, shift your body weight to the right and with your right hand do Kuh-gae Jay-chee-kee. Kuh-gae Jay-chee-kee is like Han-sohn Jay-chee-kee, except instead of the arm movement starting at shoulder level, it starts at head level. The width of this technique stays the same.

Second, at the same time as you finish Kuh-gae Jay-chee-kee, you do Guh-duh-cha-kee with the left leg. Be sure that your raised right hand does not move until you finish kicking.

third, as soon as you finish the leg movement, pull back your left foot and right hand back at the same time. Then step down with your left foot as you do Guht-kee.

The other side training start with shifting your bodyweight to the forward leg. At the same time with your left hand do Kuh-gae Jay-chee-kee. That leads to the Guh-duh-cha-kee with the right foot.

2-2

3-1

3-2

나아가며 익히기의 발질에서 걸어지기와 활갯짓의 조합(예를 들면 딴죽)은 활갯짓을 이용한 상체의 제압과 걸어지기를 이용한 하체의 제압이라는 명확한 용도를 통해 상대를 넘어뜨리는 기술이 된다. 그러나 들어차기와 활갯짓의 조합은 상대를 차기 위한 들어차기의 움직임과 달리 활갯짓의 용도가 불명확하다. 이에 대해 활갯짓을 이용한 방어와 들어차기의 조화라는 설명도 있으나 이는 공격자가 선제공격 할 경우를 설명하지 못하는 등 그 신뢰성에 조금 문제가 있다고 생각된다.

한편, 가장 신뢰성 있는 설명은 활갯짓이 좀 더 균형 잡힌 들어차기를 위한 중심의 보조 역할을 한다는 것이다. 예를 들어 걷어차기의 경우 신체의 중심을 잡고 좀 더 높이, 강하게 차기 위해 반대편의 팔을 올려 그 중심을 유지하고 반동을 얻을 수 있다. 그리고 이러한 기제는 축구선수가 강력한 슛팅을 하기 위한 예비동작에서 공을 차는 다리의 반대편 팔을 들어 올리는 모습으로도 설명이 가능하다. 다만, 축구 선수의 팔이 상대적으로 낮게 올라가는 것은 힘의 전달 방향 즉, 공이 날아가야 하는 방향이 낮게 앞으로 향하기 때문이며 걷어차기의 경우는 힘의 방향이 높게 위를 향해야 하므로 크게 제치기를 통해 팔을 높이 들어 올려주는 것이다.

끝으로 나아가며 익히기의 동작에서 잊지 말아야 할 점은 한 번의 동작이 끝나는 셋째 부분이 그대로 끝을 의미하는 것이 아니라 다음 동작의 시작으로 매끄럽게 연결됨을 잊지 말아야 하는 것이다. 즉, 나아가며 익히기의 동작을 편의에 따라 세 부분으로 나누어 설명하고는 있지만 이 구분된 동작 설명은 실제로 동작이 끝났음을 의미라는 것이 아니라는 점이다. 다시 말해 걷어차기 후, 찬 발을 걷기로 내딛고 동작이 마무리 되어 다음 동작이 시작하는 것이 아니라 실제로는 찬 발을 내딛는 탄력을 살려 크게 제치기 동작을 해야 하며, 이 찬 발의 걷기와 크게 제치기의 지속적인 탄력을 살리기 위해, 두 동작이 마무리되기 직전에 걷어차기로 동작이 물 흐르듯이 이어져야 하는 것이다.

When you do Bahl-jil in Nah-ah-gah-myuh Ik-hee-kee you combine Guh-ruh-jee-kee and Hwahl-get-jit. This combination becomes a skill to topple over your opponent. Using Hwahl-get-jit you control his upper body while you use Guh-ruh-jee-kee to control the lower body you can easily pull the opponent to the ground. However the combination of Duh-ruh-cha-kee and Hwahl-get-jit is not clear. Some people claim this combination allows for an effective defense. This is not enough of an explanation when your opponent attacks first.

The most logical conclusion is that Hwahl-get-jit allows for a more balanced Duh-ruh-cha-kee. For example, when you do Guh-duh-cha-kee you balance your body, to kick higher and stronger you raise your opposite arm to keep your balance and gain momentum at the same time. This mechanism can be best explained by a soccer player readying to kick a ball. He raises his opposite arm as he goes to kick to generate more power. With that player his arms are lower than a Taekgyeon player because the direction of where the ball is to go is low and forward. While in the case of our Guh-duh-cha-kee, the direction of the power has to go higher and upward, not forward requiring you to raise your arms high doing Kuh-gae Jay-chee-kee.

Lastly the one thing you need to remember in the Nah-ah-gah-myuh Ik-hee-kee is the 3rd part where you finish one technique doesn't mean 'the end'. It leads smoothly to the start of the next movement. In other words the movement of Nah-ah-gah-myuh Ik-hee-kee we explained in three parts were for nothing but ease of comprehension. The steps described by no means illustrate any motion or movement being finished. One flows into the next.

② 째차기(맞-긁기)

긁고 째차기는 활갯짓 한 손 긁기와 째차기의 조합으로 맞으로 행한다.

첫째, 원품상태에서 축이 되는 오른 다리로 체중을 이동하며 왼손으로 긁기를 한다. 이때, 긁기는 허리까지 사용하여 왼쪽 어깨가 원품상태에서 자신의 정면까지 이르도록 충분히 폭넓게 긁어준다.

둘째, 오른 다리로 체중을 이동하며 왼발로 째차기를 한다. 여느 나아가며 익히기 동작과 마찬가지로 왼손 긁기 자세는 발질이 끝날 때까지 유지되어야 하며 팔꿈치가 몸통과 90°각도를 이루도록 들려져야 한다.

셋째, 째차기 한 왼 발을 회수하며 왼손을 편안히 내리고 왼발을 걷기의 형태로 내딛는다. 우측의 경우, 내딛는 왼발의 동작과 이어지도록 오른 손 긁기를 하며 시작된다.

> 긁고 째차기의 긁기는 째차기의 자세를 보조하기 위해 사용된다. 서서 익히기에서 째차기의 경우, 몸통이 차는 발의 반대쪽 방향으로 비스듬히 틀어져야 한다고 설명한 바 있다. 이는 다시 말하자면 차는 발 쪽 어깨가 목표점을 향해 비스듬히 앞으로 나아간 상태를 의미하는데, 이러한 상체의 모양을 완전히 구현하기 위해 긁기 동작을 사용해 상체를 적당히 틀어주게 되는 것이다.

1-1	1-2	2-1

② Jae-cha-kee (Maht, Guhl-kee)

Jae-cha-kee of Nah-ah-gah-myuh Ik-hee-kee is a result of Hwahl-get-jit Han-sohn Guhl-kee and Jae-cha-kee. This is accomplished through Maht which we discussed before.

First, from Won-poom you shift your bodyweight to your right leg. As you shift, perform Guhl-kee with your left hand. When you do Guhl-kee use your waist, so your left shoulder naturally goes to the front.

Second, perform Jae-cha-kee with your left leg. As in all motions of Nah-ah-gah-myuh Ik-hee-kee, the left hand Guhl-kee has to be kept in place until the kick is completed. Watch to ensure your left elbow when forearm is at a 90 degree angle with your body.

Third, pull back your kicking leg and lower your arm comfortably, then put down the left foot into Guht-kee. In the case of the right side, once your left foot touches down into Guht-kee, move your right arm and body into Guhl-kee.

Guhl-kee is used to support Jae-cha-kee. Jae-cha-kee was already explained previously that your body has to be twisted in the opposite direction of the kick itself. So the shoulder of the kicking leg is pointing towards the target. To make this upper body shape you can use Guhl-kee to ease the twisting motions.

2-2	3-1	3-2

③ 후려차기(엇-긁기)

긁고 후려차기는 활갯짓 한손 긁기와 후려차기가 엇으로 조합된 동작이다.

첫째, 축이 되는 오른 다리로 체중을 이동하며 오른손 한손 긁기를 한다. 이때, 오른손 한손 긁기는 앞선 긁고 째차기와 달리 크게 긁어 몸을 회전시키기보다는 오히려 왼쪽 어깨를 오른손 긁기 동작에 미리 가져다 대는 느낌으로 행하여 왼쪽 어깨가 앞으로 끌려 나오도록 한다.

둘째, 오른손 긁기가 끝나는 순간과 연계하여 왼발 후려차기를 한다. 이때 오른 팔꿈치는 몸통과 90°를 이루도록 들려져야 한다.

셋째, 후려차기 한 왼발과 긁은 오른 손을 회수한 뒤 왼발을 걷기로 내딛는다. 다음 오른쪽 후려차기 동작은 왼 발을 걷기로 내딛은 후 자연스레 연결되는 동작으로 이어준다.

1-1	1-2	2-1

③ Hoo-ryuh-cha-kee (Uht, Guhl-kee)

Hoo-ryuh-cha-kee of Nah-ah-gah-myuh Ik-hee-kee is the harmony of Hwahl-get-jit Han-sohn Guhl-kee and Hoo-ryuh-cha-kee.

First, move your bodyweight to the right(supporting) leg and do Han-sohn Guhl-kee with the right hand. When you do that hand technique it is a little different from the previous skill Hwael-get-jit Han-sohn Guhl-kee. Instead of performing the hand technique widely with your body twisted with the same side, at this, twist your opposite side towards the technique as if you are trying to touch your right hand with your left shoulder.

Second, as soon as you finish that step perform Hoo-ryuh-cha-kee with the left foot. The right elbow must be at a 90 degree angle in front of the body(pointed towards the opponent).

Last, return the arm and leg to the original position and step down forwards into Guhtkee. Then continue with the combination on the other side.

2-2

3-1

3-2

째차기와 후려차기를 나아가며 익히기에서 함에 있어서 둘 모두 한 손 긁기를 먼저 하게 되나 째차기는 맞으로 하며 후려차기는 엇으로 하게 된다. 또한 째차기의 경우는 폭이 넓게 긁으며 긁는 팔 쪽 어깨를 안쪽방향으로 틀어주게 되나 후려차기의 경우는 긁는 동작을 작게 하고 긁는 팔의 반대쪽 어깨를 오히려 긁기 하는 손에 가져다 댄다. 이는 째차기의 경우는 긁는 손의 맞이 되는 다리가 안에서 밖으로 차내는 동작의 중심과 정확성 및 편의성을 위한 것이며 후려차기의 경우는 밖에서 안으로 힘이 전달되는 후려차기의 특성 상, 차는 쪽의 어깨를 미리 안으로 틀어넣어 그 동작을 편하게, 정확하게 하기 위해서이다.
특히 후려차기의 경우, 고관절의 유연성이 부족할 경우, 정확한 발질의 각도가 잘 나오지 않기에 축이 되는 다리 방향으로 허리를 숙이거나 차는 다리 쪽의 골반이 위로 들리는 경우가 발생하기도 한다. 동시에 차는 다리 방향의 팔을 뒤쪽으로 과도하게 흔들어 반동을 주는 경우가 나타나게 되는데, 이때는 허리가 과도하게 뒤틀려 제대로 발질에 힘을 전달하기 힘들게 된다. 따라서 긁고 후려차기의 경우는 긁는 팔을 작게 긁어 당기고 반대편 어깨를 미리 가져다 댐으로써 신체의 중심을 유지하고 반동을 얻기 위해 허리를 과도하게 비틀거나 혹은 반대방향으로 허리가 숙여지거나 골반이 들려버리는 잘못된 동작을 방지할 수 있다.
이와 비슷한 관점에서 후려차기를 연습할 때, 차는 발 쪽 손을 앞쪽으로 멀리 뻗고 후려차기를 연습하게 되면 허리의 뒤틀림을 막을 수 있다. 그러나 이렇게 단순히 손을 뻗는 수준에서 연습하는 것은 허리의 뒤틀림을 막고 후려차기에서의 골반의 움직임을 이해하는 데는 도움이 되나 긁기 동작과 함께 하는 나아가며 익히기의 후려차기와 같이 허리가 축이 되는 다리 쪽으로 숙여지거나 골반이 들리는 동작을 수정하는 데는 큰 도움이 되지 못한다. 이렇게 비교할 경우, 후려차기의 엇으로 긁는 동작과 반대편 어깨를 미리 가져다 대는 동작은 정확한 후려차기의 힘 전달과 중심 유지를 이해하는데 큰 도움이 된다.

When you practice Jae-cha-kee and Hoo-ryuh-cha-kee in this section, Practicing While Stepping, both start with Han-sohn Guhl-kee first, but Jae-cha-kee is done with the same side(Maht) and Hoo-ryuh-cha-kee is done with the opposing side(Uht). In the case of Jae-cha-kee, the hand skill is done widely with the shoulder on the same side pointed as far to the front as possible. However in the case of Hoo-ryuh-cha-kee, the hand skill's range of motion is smaller and the opposite shoulder twists in an attempt to meet the fingers of the Guhl-kee. This is because when you do Jae-cha-kee, you need the arm movements to compliment the kick(which goes from inside to outside) enabling batter balance and co-ordination. In the case of Hoo-ryuh-cha-kee the kick is done outside to inside, so the same shoulder as the kick is moved to enable proper balance with the kick.

When you do Hoo-ryuh-cha-kee, if your hip joint(coxa) isn't flexible enough, it's hard to get the right angle in the kick so one tends to bend to the other side to compensate or your pelvis raises with your kicking leg(as opposed to remaining level). Some people when they kick swing their arms too far backwards when they kick in attempt to build power.

If you practice Hoo-ryuh-cha-kee with your same side arm extended straight in front of you it can help keep you from twisting your body until it becomes natural. However when you do this kick with Nah-ah-gah-myuh Ik-hee-kee, you need to use it with Guhl-kee. This means you can't use the wrong motions any more.

④ 곧은 발질(맞-작게 제치기)

곧은 발질은 활갯짓 한손 제치기와 곧은 발질을 맞으로 조합한 동작이다. 여기서 작게 제치기라 함은 활갯짓 한손 크게 제치고 걷어차기와 달리 높이의 개념이 아닌 폭의 개념으로, 좁은 폭으로 제치는 것을 의미한다.

첫째, 원품 상태에서 축이 되는 오른 다리로 체중을 이동하며 왼손으로 활갯짓 한손 제치기를 한다. 이때, 제치기는 서서 익히기에서 할 때보다 정면을 향해 멀리 뻗어 제쳐준다. 서서 익히기에서 제치기 동작이 끝나는 폭이 제치기를 하는 팔 쪽 45° 방향까지였다면, 이 경우는 15° 정도의 상태로 동작이 마무리 되어야 한다. 또한 허리를 제치기 방향인 정면으로 왼쪽 어깨가 앞으로 향하도록 하여 가볍게 숙여준다.

둘째, 제치기를 유지하며 왼 발로 곧은 발질을 한다.

셋째, 곧은 발질을 회수하며 왼 손 제치기를 편안하게 풀어주고 왼발을 걷기로 내딛는다. 오른쪽은 왼발이 내딛는 순간부터 자연스레 이어진다.

1-1	1-2	2-1

④ Gohd-eun-bahl-jil (Maht, Jahk-gae Jay-chee-kee)

This is the combination of Hwahl-get-jit Han-sohn jay-chee-kee and Gohd-eun-bahl-jil. When you say Jahk-gae Jay-chee-kee, it is not the concept of height that we see when we do Guh-duh-cha-kee and Han-sohn Kuh-gae Jay-chee-kee (first combination). It is the concept of width, meaning actually 'done narrowly'. First start at Won-poom and shift weight to the right as usual. Do Han-sohn Jay-chee-kee with your left hand. This time Jay-chee-kee is done further forward than you would during stationary practice. In stationary practice, the point where you finish the technique is 45 degrees. In this level of training, the angle is only 15 degrees(only 1/3 of the motion). Also when you do this lean forward slightly so you can put your left shoulder into the technique.

Secondly, keep the arm in place and do the Gohd-eun-bahl-jil with the left.

Thirdly, pull back the kick and the arm and step with the left foot as a Guht-kee. Smoothly continue on the opposite side.

2-2

옆면 / side (2-1)

옆면 / side (2-2)

나아가며 익히기의 작게 제치고 곧은 발질에서 왼손 제치기의 역할은 앞으로 길게 찔러 차는 곧은 발질의 특성으로 인해 나타나는 체중의 쏠림 현상을 막아주기 위한 무게추라고 생각하면 이해가 편하다. 즉, 왼발이 앞으로 멀리 나가기 전에 왼손을 들어 체중의 중심을 실제 허리보다 약간 앞으로 이동한 뒤, 왼발 곧은 발질을 하는 순간, 뻗어진 왼 팔을 중심추 삼아 그대로 뒤로 당기며 그 반동을 활용하여 왼발을 곧고 빠르게 그리고 멀리 앞으로 찔러내는 것이다. 이러한 동작의 원리는 대포를 발사할 때, 반동으로 인해 포신이 뒤로 밀리는 것을 통해 이해가 가능한데, 제치기한 팔과 이때 앞으로 숙여진 허리를 뒤로 당기는 동작이 포탄을 밀어내는 포신의 반동이며 앞으로 찔러 차지는 왼발이 포탄이라고 생각하면 된다. 따라서 곧은 발질을 위한 작게 제치기는 그 동작이 끝날 때, 왼팔이 향하는 방향이 바로 발질로 맞추고자 하는 목표점의 방향이 되어야 한다.

When you do Han-sohn Jay-chee-kee in this case, is like a pendulum to keep balance as you kick straight forward. In other words, before your left foot goes forward, raise your left hand forwards(with your shoulder leaning forwards) so your center of gravity moves you slightly forward. At the moment you do Gohd-eun-bahl-jil with the left foot, pull your left arm to backward and use that momentum that help straighten and further extend the spear-like kick forwards. This principle of movement can be when you imagine firing a cannonball, the cannon pushes back as a result. Pulling the arm back and pulling the torso backwards while kicking is very much like the cannon rebounding. The kick is very much like a cannonball exploding forwards. So, when the Han-sohn Jay-chee-kee finishes, it is the same direction as the kick heads.

⑤ 내차기(엇-헤치기)

내차기는 한손 헤치기와 내차기를 엇으로 조합한 동작이다.

첫째, 원품상태에서 체중을 축이 되는 오른 다리로 옮기며 오른손 헤치기를 한다.

둘째, 오른손 헤치기가 끝남과 동시에 왼다리를 들어 올려 내차기를 한다. 이때 오른손 헤치기는 유지한다.

셋째, 내차기를 한 다리를 회수하며 오른손 헤치기를 자연스레 풀고 왼발을 걷기로 내딛는다. 오른발 내차기는 왼발 걷기가 끝남과 동시에 자연스레 이어지게 실시한다.

1-1	1-2	2-1

⑤ Nae-cha-kee (Uht, Hay-chee-kee)

This is a combination of Han-sohn Hay-chee-kee and Nae-cha-kee. From Won-poom, shift bodyweight to the right leg and do Hay-chee-kee with your right hand.

As soon as you finish Hay-chee-kee raise your left foot to do Nae-cha-kee. You have to keep the finished Hay-chee-kee position during this.

Thirdly, pull back the kicking leg and the raised arm so you can use the left foot for Guht-kee. Continue with the other side without stopping or pausing as always.

2-2

3-1

3-2

내차기의 손질과 발질의 조합은 크게 제치고 걷어차기와 같은 개념의 동작이다. 즉, 내차기를 행하는 중심을 유지하고 내차기를 편하도록 돕기 위해 헤치기를 하는 것이다. 다만 차이점은 크게 제치고 걷어차기의 경우는 걷어차기의 힘의 전달 방향이 아래에서 위이기에 손을 높이 올려 동작을 돕는 것이고, 내차기는 위에서 아래로 힘을 전달하기에 손의 위치를 낮게 해주는 것이다. 이는 축구 선수의 슈팅 자세에서 손의 높이가 어깨 높이, 즉 수평인 것과 비교해 보면 더욱 쉽게 알 수 있는데, 축구선수의 슈팅은 공을 수평으로 강하게 보내기 위해 손을 수평으로 보조하는 것과 같은 이치인 것이다.
내차기는 처음에는 세 동작으로 수련하지만 숙달이 되면 헤치기와 걷기를 동시에 실시하여 전체적으로 두 동작이 되도록 수련한다.

The combination of Sohn-jil and Bahl-jil in Nae-cha-kee is the same concept as Kuh-gae Jay-chee-kee and Guh-duh-cha-kee. In other words, you do Hay-chee-kee to help keep the balance and ease of your execution of Nae-cha-kee. The difference between Nae-cha-kee(with Hay-chee-kee) and Guh-duh-cha-kee(with Kuh-gae Jay-chee-kee) is that in the case of Guh-duh-cha-kee, the direction of the kick is from down to up. So you raise your hand high to assist the action. In Nae-cha-kee, the kicking direction is from high to low, so the hand position must be lower. It is easier to understand if you compare a soccer player's kicking position. When he goes to kick his hand and arm are horizontal to the ground. This allows to him to shoot further and faster.
You practice Nae-cha-kee in three parts. When you become competent, you do Hay-chee-kee and Guht-kee at the same time, so eventually the set becomes two actions as opposed to three.

⑥ 는질러차기(맞-잡아대기)

는질러차기는 는질러차기와 잡아대기를 맞으로 조합한 동작이다.

첫째, 원품 상태에서 축이 되는 오른 다리로 체중을 이동하며 왼손을 앞으로 멀리 뻗어 긁어 들인다. 이때 왼손은 오른쪽 어깨 앞 방향에서 상대의 옷깃을 잡아채는 느낌으로 손등이 하늘을 향하도록 손목을 안으로 틀며 손을 움켜쥐고 왼쪽 대흉근 아래에 갖다 붙인다. 대흉근 밑의 갈비뼈에 닿는 손의 부위는 엄지손가락이며 손등은 하늘을 향해야하고 왼 팔꿈치는 지면과 수평을 이루어야 한다. 이때 상체는 긁기 동작이 멀리 나가도록 앞으로 살짝 숙여 는질러차기에 뱃심을 실어줄 수 있도록 준비한다.

둘째, 가슴에 붙인 왼팔의 모양을 유지한 채 왼발 는질러차기를 한다.

셋째, 는질러차기 한 왼 다리를 회수하고 왼 팔을 자연스레 풀어주며 왼발을 걷기로 내딛는다. 오른쪽은 왼발 걷기와 자연스레 연결하여 수련한다.

1-1

1-2

2-1

⑥ Neun-jil-luh-cha-kee (Maht, Jahb-ah-dae-kee)

Neun-jil-luh-cha-kee is the combination of Neun-jil-luh-cha-kee combined with Jahb-ah-dae-kee with the same side(Maht).

First, from Won-poom, shift your body weight to your right leg and stretch your left hand forward, 'grab' and pull back. When you grab, your left hand must be moved slightly to the right, so it is aligned with the right shoulder. Imagine you are grabbing your opponent's collar and twist your wrist so the back of your hand faces the sky. Pull towards your left pectoral region(just under it). The side of your thumb should be touching your ribcage and the back of your hand still facing upwards. Your left elbow has to be horizontal. Your upper body must be bent slightly forward when pulling / clawing to be ready to do Neun-jil-luh-cha-kee.

Second, your left hand in that position and perform the kick with the left foot.

Lastly, pull back the left foot and relax the left arm. Put the left foot down as Guht-kee. Then start with the right side at the same time.

2-2

3-1

3-2

서서 익히기에서 는질러차기를 설명할 때, 곧은 발질과 같은 운동 메카니즘을 가지지만 찔러 차는 것이 아닌 밀어주는 발질임을 설명한 바 있다. 이러한 발질의 목적 차이가 잡아대고 는질러차기의 왼손 움직임이 곧은 발질과 같은 제치기가 아닌 변형된 긁기 형태의 잡아대기가 되는 원인이 된다. 즉, 힘을 앞으로 빠르게 뻗어내어 상대를 찌르는 곧은 발질과 달리 자신의 중심을 굳건히 제자리에 고정시키고 상대를 힘 있게 밀어내기 위해 왼손을 잡아대기로 몸에 당겨 붙이는 것이다.

When we explain this kick in the section of 'Stationary Practice', we already explained that this kick has the same mechanics as Gohd-eun-bahl-jil, but it's a 'pushing' kick as opposed to a 'striking' kick. The purpose is very different. This is why the hand technique is a grab as opposed to a swat or pushing away motion. In other words since you want to push your opponent rather than strike him, you need to set your body firmly in position and pull your hand inwards, rather than push away, to support the motion.

⑦ 딴죽(맞-가로밀기)

딴죽은 왼쪽 손으로 상대의 뒷덜미를 잡아채 당기며 동시에 왼 발로 상대의 발목을 쳐서 상대방을 넘어뜨리는 기술이다. 맞으로 이루어지는 딴죽 기술은 대체로 세 부분으로 구분된다.

첫째, 원품 상태에서 오른 다리로 체중을 이동하며 왼 팔을 가로밀기의 움직임으로 상대의 목을 향해 멀리 뻗어준다. 이 때, 상대는 나의 정면에 위치한다고 가정한다.

둘째, 가로밀기 상태에서 상대의 목(왼쪽 편)에 왼 손목이 닿았다는 가정 하에 왼 손목을 꺾어 상대의 뒷덜미를 걸어 당기며 왼 발로 상대의 왼쪽 발목 안쪽을 겨냥하여 비비기(서서 익히기의 딴죽)를 한다. 이때, 걸어 당기는 왼손의 움직임 각도는 왼쪽 아래 45° 방향이며 왼팔을 잡아당김과 동시에 시선은 왼쪽 손을 좇아 움직이고 허리 역시 왼쪽 방향으로 틀어준다. 또한 왼 발은 상대의 왼쪽 발목 안쪽을 겨냥하여 가능한 바닥을 스치도록 길게 비비기(서서 익히기의 딴죽) 동작을 행해준다. 왼쪽 손과 시선이 왼쪽으로 돌아 오른 발의 뒤꿈치에 도달할 때까지 움직여 주고 왼 발을 충분히 차 밀어 주는 동작이 둘째 부분이다.

셋째, 둘째 동작을 풀며 오른다리로 편안히 선 상태로 돌아온 뒤, 왼 발을 걷기의 형태로 45° 방향으로 내딛는다. 오른 쪽은 내딛은 왼발로 체중을 이동하며 동일하게 수행한다.

1-1

1-2

2-1

⑦ Dahn-jook (Maht, Gah-roh-mil-kee)

Dahn-jook is the technique where you kick the ankle of your opponent with your one foot, while you are snatching / controlling the back of his neck with your a same side hand to topple him. This can be divide into three parts.

First, from Won-poom shift your weight to the right leg and stretch out your left arm into Gah-roh-mil-kee, targeting the back of your opponent's neck.

Secondly, at the point of execution of Gah-roh-mil-kee, imagine your wrist touching the side of his neck. Twist your wrist so you can hook the neck and yank it backwards. Then your left foot targets the inside of his left ankle and do Bee-bee-kee(Dahn-jook as done in 'Stationary Practice'). When you pull your left hand back it should be a 45 degree angle downwards to your left. At the same time make sure your line of site and waist follows the movement. When you do Bee-bee-kee, perform it as if you were almost dragging your foot on the ground.

Third, return back to 'normal' and step into Guht-kee with your left foot. Then continue on the right side.

2-2

2-3

3-1

딴죽을 행하는 데 있어서 가장 많이 나타나는 실수는 딴죽의 둘째 동작에서 상대를 공격할 때, 상체가 지나치게 뒤로 눕는 다는 점이다. 이는 자신도 모르게 신체의 균형을 편하게 유지하기 위하여 나타나는 현상인데, 이 경우, 상대의 되치기 공격에 쉽게 당하거나 스스로 중심을 잃어 딴죽이 성공하지 못했을 경우 연속 동작이 어려워지는 문제가 있다. 따라서 딴죽을 연습할 때는 축이 되는 발로 최대한 중심을 이동한 후, 허리를 뒤로 눕히지 않고 꼿꼿이 세운 상태에서 수평으로 회전할 수 있도록 주의해야 한다. 또한 이를 위해서는 축이 되는 다리가 충분히 굽혀진 채로 단단히 버텨줄 수 있어야 한다.

The most common mistake in practicing Dahn-jook is when you do the kick, many have their bodies lean backwards too much. This happens due to subconsciously trying to keep balance, however in this case it is easy to be hit by a counterattack. Also if you miss with your kick it is hard to follow up with another technique. So when you practice Dahn-jook, you have to be careful to make sure you do not bend your upper body backwards. Stand straight and twist to one side. To perform this kick effectively you have to sure the supporting leg is bent enough to support your weight properly.

⑧ 깎음다리(엇-헤치기)

헤치고 깎음다리는 서서 익히기의 깎음다리를 활갯짓과 연결하여 나아가며 하는 동작이다. 깎음다리는 엇으로 행하는데, 첫째, 원품상태에서 축이 되는 오른 다리로 체중을 이동하며 오른 손을 이용하여 허리 높이에서 헤치기를 한다.

둘째, 왼 무릎을 접으며 왼 발을 가능한 높이 들어(허벅지 높이의 계단을 올라가듯) 앞쪽으로 비스듬히 미는 기분으로 깎음다리를 한다. 이때, 목표지점은 상대의 무릎 안쪽 위에서 품내밟기의 발을 내딛는 위치를 훑어 내리는 부위이다. 오른 손의 헤치기는 깎음다리 동작이 끝날 때까지 유지한다.

셋째, 오른 손의 헤치기를 자연스레 풀며 깎음다리 한 발을 회수한 후 왼쪽 45° 방향을 향해 걷기로 내딛는다. 오른 쪽 깎음다리는 왼다리를 걷기로 내딛은 직후 왼손 헤치기로 자연스레 연결하며 시작된다.

1-1	1-2	2-1

⑧ Gahk-gum-dah-ree (Uht, Hae-chee-kee)

This is performing Gahk-gum-dah-ree in 'Stationary Practice' but in connection with Hwahl-get-jit when going forwards.

First, as before, from Won-poom shift your body weight to your right and do Hay-chee-kee at waist level with the right hand.

Second, bend your left knee and lift your leg as high as possible(like you are going up 'thigh' level stairs). Do Gahk-gum-dah-ree pushing your leg forward at an angle. The target is the inside of the knee and scrapes downwards from that point. Keep your left at the finishing point of Hay-chee-kee until you finish the kick.

Then go back to your original position and step into Guht-kee with your left foot. Then continue on the right side.

2-2

3-1

3-2

대개의 서서 익히기 걸어지기 동작이 나아가며 익히기에서 사용될 경우, 활갯짓은 그 걸이 기술을 사용하는 데 있어서 상대의 상반신을 제압하는 용도로 쓰이나 깎음다리의 경우는 예외적이라 할 수 있다. 즉, 깎음다리에서의 엇으로 활용되는 활갯짓 한 손 헤치기는 깎음다리를 함에 있어서 신체의 낮은 중심이동을 위한 균형추의 역할을 하는 것으로서 크게 제치고 걷어차기처럼 균형잡힌 동작을 위한 보조역할이라고 할 수 있다.
깎음다리는 내차기의 경우와 마찬가지로 세 동작으로 구성되어있지만 숙달이 되면 걷기와 동시에 헤치기를 실시하여 두 동작으로 수련하는 것이 효율적이다.

Most Bahl-jil of Guh-ruh-jee-kee done in 'Practicing While Stepping' use Hwahl-get-jit to control the opponent's upper body. However in this case it is an exception to the rule. Hwael-get-jit Han-sohn Hay-chee-kee when you do Gahk-gum-dah-ree acts to maintain balance much the same as in Kuh-gae Jay-chee-kee and Guh-duh-cha-kee. Gahk-gum-dah-ree is done at first in three parts, but after time you do Hay-chee-kee and Guht-kee at the same time so eventually the set becomes two actions as opposed to three.

⑨ 낚시걸이(맞-칼재기)

나아가며 익히기의 낚시걸이는 서서 익히기의 낚시걸이에 칼재기를 맞으로 조합한 형태이다. 즉, 낚시걸이로 상대의 다리를 제압하며 동시에 칼재기로 상대의 상체를 뒤로 밀어 상대를 넘어뜨리는 동작이다.

첫째, 원품 상태에서 축이 되는 우측 다리로 중심을 이동하며 오른 무릎을 굽혀 자세를 낮춘다. 동시에 왼 다리를 오른 발의 정면방향으로 약 45° 아래 방향으로 뻗어준다. 왼 발의 발가락이 우측을 향하도록 다리 전체가 고관절에서부터 틀어져야 한다. 그리고 왼 손은 칼잽이 모양으로 왼쪽 허리 춤으로 끌어다 붙인다. 이 때, 골반은 앞으로 뻗어진 왼다리로 인해 우측 30~45°를 바라보아야 하며 가슴은 가능한 정면을 바라보아야 한다. 즉 허리가 꽈배기처럼 꼬아진 형태가 되어야 한다.

둘째, 굽혔던 오른 다리의 일어서는 탄력을 활용하여 왼다리 무릎 아래를 접어 당기며 왼손을 칼재기로 곧게 정면으로 뻗어준다. 이때 왼발 뒤꿈치는 상대의 오금을 겨냥하여 지면의 바로 위에서부터 자신의 엉덩이 아래까지 대각선으로 끌어올려져야 하며, 왼손은 왼쪽 허리춤에서 상대의 목을 겨냥하여 대각선 방향으로 직선을 그리며 뻗어져야 한다.

셋째, 편안히 팔다리를 풀며 왼발을 걷기로 내딛는다. 다음의 오른 쪽 동작은 왼발을 내딛은 직후, 왼 무릎을 굽히며 시작한다.

1-1	1-2	2-1

⑨ Nak-shee-guhu-ree (Maht, Kahl-jae-kee)

This is Nak-shee-guh-ree done in conjunction with Kahl-jae-kee as you go forwards. These moves are done on the same side(Maht). With Nak-shee-guh-ree, you control your opponent's leg. At the same time use Kahl-jae-kee to push your opponent away. The resulting effect is toppling him quite effectively.

First, from Won-poom, shift your body weight to your right leg and lower yourself slightly more than usual with your right knee. At the same time stretch your left leg forward with your foot twisted 45 degrees inwards(keep foot position in front of supporting leg). This twist occurs from the big toe pointing to the right. This makes the whole left leg twist. Put your left hand by your waist in the shape of Kahl-jae-bee. Because your kicking leg is twisted, your pelvis is twisted as well, 30 to 45 degrees. Your torso however remains facing straight on.

Second, when you straighten your supporting leg bend your kicking leg and pull(or hook) as your left hand goes forward as a Kahl-jae-kee. When you pull, make sure your left heel hooking the back of his knee. Keep the pulling motion as you raise your heel towards your butt. It should be a diagonal movement. Same with your left hand. When it goes forward it should be at an angle towards his throat.

2-2

옆면 / side

옆면 / side

나아가며 낚시걸이 동작에서 가장 중요한 점은 상대의 다리를 걸기 위해 뻗어진 왼발이 아래에서 위로 비스듬히 당겨 올라오는 동시에 왼손은 아래에서 위로 비스듬히 상대의 목 부위를 뒤로 밀어 올려야하고 축이 되는 오른 다리는 아래에서 위로 전체적인 동작의 탄력을 더해야 한다는 것이다.

걸이기술이라는 것의 핵심은 발바닥을 디뎌 지면의 마찰력을 이용해 서 있는 상대의 상체와 하체의 위치를 반대로 바꾸어준다는 개념이다. 이때 중요한 요점은 상체와 하체의 위치를 바꾸기 위한 동작과 이 위치 교환 과정에서 반발력으로 작용하는 발바닥과 지면의 마찰력을 줄여주는 행동이다. 즉, 자신은 손과 발은 상대의 상체와 하체를 위에서 아래로, 아래에서 위로 돌려주어야 하며, 추가적인 힘을 이용해 상대의 발에서 발생하는 마찰력을 줄여야 한다.

따라서 손은 위에서 아래 방향으로, 발은 아래에서 위 방향으로 움직여 상대의 신체 위아래를 뒤집어주어야 하며, 축이 되는 오른발의 굼실거림을 통해 상대의 신체를 조금이라도 위로 튕겨 올려 발바닥에서 발생하는 마찰력을 줄여주어야 한다. 그리고 나아가며 익히기의 모든 걸이기술들에서는 이러한 움직임의 조화가 중요한 핵심이 된다.

추가적으로 앞선 서서 익히기의 낚시걸이에서 설명한 바와 같이 자신의 가슴이 상대를 향하며 허리가 꽈배기처럼 틀어지지 않고 몸이 편하기 위해 축이 되는 발 방향으로 틀어지게 되면 상대에게 자신의 신체 중심이 끌려가게 됨을 잊어서는 안 된다.

Third, go back to your original position and put your foot as Guht-kee, but as soon as it is set the left knee must be bent deeper than normal so you can begin on the right side.

In this technique the most important things are when you hook your opponent's leg, you must pull upwards at an angle, while at the same time your striking hand goes upwards towards the neck or throat. This is timed with the supporting leg straightening to give momentum.
The Guh-ree technique is a concept used when you face someone who is set in their place or has a low center of gravity. Using this skill it upsets his equilibrium and reverses his focus on his upper and lower body. This fights against the frictional force of his feet in that stance. As I explained Nak-shee-guh-ree in 'Stationary Practice', your torso must be straight on as your hips and leg are twisted. If not you can fall over.

⑩ 안짱다리(맞-칼재기)

나아가며 익히기의 안짱다리는 서서 익히기의 안짱걸이와 칼재기를 맞으로 조합한 동작이다.

첫째, 원품상태에서 축이 되는 우측 다리로 체중을 이동하며 오른 무릎을 굽혀 자세를 낮추고 왼 다리를 발이 바닥에 스치듯이 정면을 향해 낮게 뻗어준다. 이때 발목은 상대의 발목 뒤편의 아킬레스건 위치를 걸어 당기는 것을 목표로 하여 원품의 위치에서 대각선 방향으로 타원형에 가깝게 움직인다.

둘째, 굽힌 오른 무릎을 펴는 탄력을 이용하며 왼발을 오른발에 엄지발가락이 교차하도록 당겨오며 동시에 왼 손으로 칼재기를 해준다. 이때 왼발과 오른발은 서서익히기와 마찬가지로 'ㅅ'의 형태가 되어야 하며, 왼 손은 상대의 목을 아래에서 위로 밀어 올리듯 움직여야 한다(그림. 발모양 / feet shape).

셋째, 왼발을 걷기의 형태로 내딛는다. 오른 쪽은 왼발이 내딛는 순간부터 자연스레 이어지도록 한다.

1-1	1-2	2-1

⑩ Ahn-jang-dah-ree (Maht, Kahl-jae-kee)

This is a combination of Ahn-jang-guh-ree and Kahl-jae-kee in Maht.

First, from Won-poom, shift your bodyweight to your right leg and bend your right knee to lower your position. Then outstretch your left leg, so low it seems as if you might touch the ground. The ankle should target your opponent's Achilles tendon and hook the foot as a result. As was described in 'Stationary Practice', the foot needs to travel in an oval shape to surround and capture the desired target and bring it in towards you.

Second, use the momentum from you rising on your supporting leg to help pull the opponent's foot in(figure. 발모양 / feet shape). At the same time do Kahl-jae-kee with the left hand. When you do it, move from down to up against your adversary's neck / throat.

Third, step your left foot as Guht-kee and continue with the other side.

2-2	발모양 / feet shape 1	발모양 / feet shape 2

나아가며 익히기의 안짱다리에서 가장 중요한 부분은 안짱다리를 할 때, 허리가 굽어지지 않도록 하는 것이다. 허리가 굽어지면 스스로의 중심을 유지하기 위해 쓸모없는 힘의 낭비가 생기며 그만큼 상대의 반격에 무방비해지기 때문이다.
또한, 상대의 발목을 실제로 걸어 당기는 것은 자신의 왼다리의 힘만으로는 거의 불가능하다고 보아야 한다. 따라서 축이 되는 무릎을 굽혔다 펴는 반동을 이용해 약간 뒤로 눕는 기분으로 안짱걸이를 하게 되면 자신의 체중을 활용하게 되므로 수월하게 상대의 발목을 당겨올 수 있게 된다.

When you do Ahn-jang-dah-ree in this section, the most important part is making sure not to bend at the waist. If you do so, then you are wasting energy to keep your balance and are open to counter attack. Also when you pull his ankle in, it's almost impossible to use just only your leg. So use the momentum from your supporting leg straightening up and feel like you're lying down on your back as you pull your upper body backwards. This is far easier.

⑪ 무릎치기(엇-세워밀기)

무릎치기는 무릎으로 상대의 옆구리를 치는 다리 동작과 세워밀기 동작이 엇으로 조합된 동작이다.

첫째, 원품 상태에서 축이 되는 오른 다리로 체중을 이동하며 왼 무릎을 접은 상태로 상대의 허구리나 허벅지를 찍어 올리듯이 차올린다. 이때 왼 무릎의 움직이는 경로는 후려차기와 같다. 동시에 오른 손은 상대의 어깨를 눌러 버텨주듯이 세워 밀기를 한다. 이때, 오른손 긁기는 왼 무릎과 교차하는 위치까지만 팔을 쭉 편 채로 해준다. 그리고 남는 왼손은 무릎치기를 하는 왼 다리의 허벅지 중간에서 무릎 윗부분 사이에 편하게 올려준다.

둘째, 동작을 편하게 풀며 왼 발을 걷기로 내딛는다. 무릎치기 동작은 이렇게 두 부분으로 구성된다.

1-1	1-2	2-1

⑪ Moo-reup-chee-kee (Uht, Say-wuh-mil-kee)

This is the combination of hitting your opponent's side with your knee and Say-wuh-mil-kee.

First, from Won-poom, shift your bodyweight to your right leg and bend your left knee and strike to the side of your opponent's waist or thigh. The route your left knee travels is the same as Hoo-ryuh-cha-kee. At the same time, the right hand performs Say-wuh-mil-kee as if you are pressing down against his shoulder and travels where to the point where your hand and left knee should cross. Make doubly sure to keep your arm straight. Rest your left hand on top of the thigh towards the knee.

Second, go back to the original position and put down your left foot as Guht-kee. This set is divided into two parts.

2-2	3-1	3-2

나아가며 익히기의 무릎치기는 서기택견에서는 사용하지 않는 위험한 기술이다. 하지만 서서 익히기에서 수련하는 무릎 올려 재기 동작의 응용동작이므로 나아가면 익히기에서도 수련하게 되는 것이다. 또한, 서서 익히기에서의 무릎 올려 재기는 가볍게 무릎을 올리는 동작으로 마무리되지만 나아가며 익히기에서는 각도와 방향을 바꿔 상대의 몸통을 공격하는 무릎치기로 활용된다. 이때, 무릎치기 동작을 쉽게 이해하기 위해서는 후려차기를 무릎을 접어서 행하는 동작, 즉 후려차기의 경로를 따라 상대의 옆구리를 무릎을 이용해 대각선 방향으로 찍어 올려주는 동작으로 생각하면 도움이 될 것이다.

또한 종종 무릎치기를 함에 있어서 무릎을 바깥쪽 방향으로 허리높이까지 수직으로 들어 올린 후, 안으로 휘둘러 치듯이 행하는 경우가 있는데, 이는 그릇된 동작이다. 무릎치기의 다리는 원품 상태에서 상대의 옆구리를 겨냥한 대각선 방향으로 반듯하게, 그리고 앞을 향하여 체중이 전달될 수 있도록 '쳐 밀어' 주는 것이 더욱 정확한 동작이다(그림. push pelvis forward).

무릎치기의 한손 긁기는 엇으로 하여 상대의 어깨를 무릎치기가 들어가는 반대방향으로 밀려나지 않도록 고정시켜 무릎치기가 더욱 강하게 들어갈 수 있도록 상대를 눌러주는 역할을 하게 되므로 서서 익히기의 한손 긁기와 달리 팔을 편 채로 자신의 신체 중심선까지만 밀어주게 된다.

Moo-reup-chee-kee in 'Practicing While Stepping' is a very dangerous technique, which is not used in Suh-kee Taekgyeon. However this is an application of Moo-reup-ohl-ryuh-jae-kee from 'Stationary Practice'. That's why practice it in this section.
Moo-reup-ohl-ryuh-jae-kee in 'Stationary Practice' consists of just raising your knees up high, however in this section it is used as Moo-reup-chee-kee to attack your opponent's body and changing its angle and direction. To understand Moo-reup-chee-kee easier you can imagine Hoo-ryuh-cha-kee but striking with a bent knee.
Sometimes people perform this by raising the knee to 90 degrees and 'swing inwards' instead, but this is wrong. You should move in a diagonal direction as it moves forward. Bodyweight should be 'thrown in' to add power(figure. push pelvis forward). As this is done as Uht, the Say-wuh-mil-kee is done with the right side(opposite side) and it controls your opponent's shoulder so as to keep him from moving out of the way of the strike. This allows for a stronger strike. The push on the shoulder is slight, only to achieve arrival at your center line.

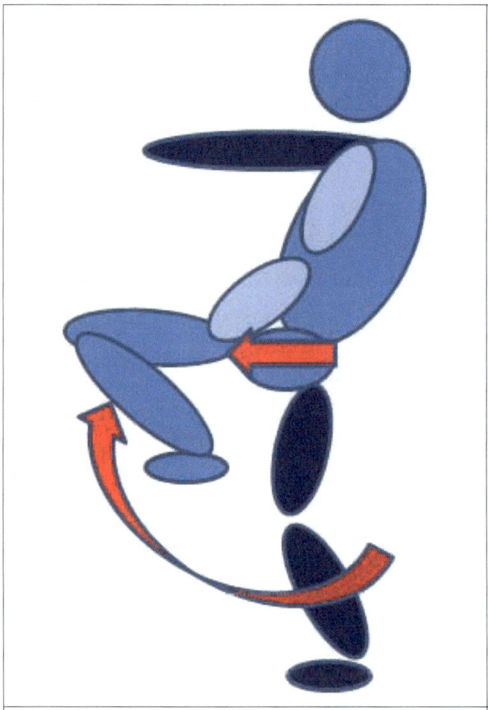	
나쁜 타격 각도 / bad instep angle	좋은 타격 각도 / good instep angle

⑫ 덧걸이(엇-세워밀기)

덧걸이는 저기치기와 세워 밀기를 엇으로 조합한 동작이다. 다만 세워밀기를 머리위에서 시작하지 않고 어깨선위치에서 시작하여 그 팔의 반대편 어깨 앞까지 밀어준다.

덧걸이는 첫째, 원품 상태에서 축이 되는 오른 다리로 체중을 이동하며 축이 되는 오른 다리를 구부려 자세를 낮춘다. 이때, 왼 다리는 저기치기를 위해 왼쪽 45° 방향으로 지면에 가깝게 뻗어주며, 오른 팔은 세워 밀기를 위해 어깨높이까지 우측 45° 방향으로 뻗어 올린다.

둘째, 오른 무릎이 튕겨 일어서는 반동을 살려 왼 다리로 저기치기를 하는 동시에 오른 팔은 왼쪽 어깨 앞까지 팔을 편 채로 세워 밀기를 한다. 이때, 왼 발목은 상대의 오른 오금을 겨냥하고 오른 손목은 상대의 왼쪽 어깨 혹은 목을 겨냥한다.

셋째, 왼다리와 오른 팔을 자연스레 풀어주며 왼발을 걷기로 내딛는다. 오른 쪽은 왼발의 걷기가 끝남과 동시에 자연스레 연결한다.

1-1	1-2	2-1

⑫ Duht-guh-ree (Uht, Say-wuh-mil-kee)

Duht-guh-ree is a combination of Juh-kee-chee-kee and Say-wuh-mil-kee. The Say-wuh-mil-kee starts at shoulder level, rather than overhead. You push to the front of the other shoulder.

First, from Won-poom to the right leg and bend the right knee and lower yourself. Then stretch out your left leg 45 degrees to the left, with your foot just above the ground. At the same time, raise your right arm to shoulder level, 45 degrees to the right, to do Say-wuh-mil-kee.

Second, straighten the right leg and using that momentum, perform Juh-kee-chee-kee with the left leg. At the same time your right arm performs Say-wuh-mil-kee(with a straight arm) to the front of the left shoulder. When you do Juh-kee-chee-kee, the left side of your ankle targets the back of your opponent's right knee. Your right hand targets his left should or neck as you push him to the side.

Third, relax your leg and arm as you go back to normal and step forward with your left foot as a Guht-kee. As soon as you finish that, continue with the right side.

		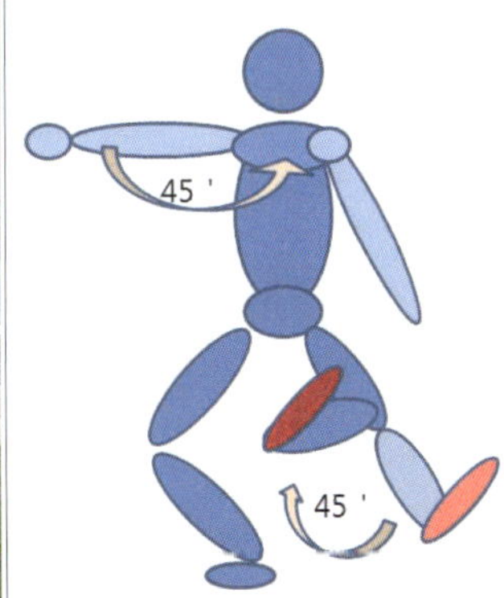
2-2	3-1	moving direction

덧걸이 동작을 할 때, 중요한 점은 실전에 활용하기 위해 세워밀기를 하는 손과 저기치기를 하는 다리의 움직임의 방향을 이해하는 것이다. 다른 모든 걸이 기술에서도 마찬가지이지만 덧걸이의 손과 발은 정확히 반대 방향으로 움직여야 한다. 즉, 걸이 기술에서는 손이 왼쪽 45° 아래로 향할 경우에는 다리는 오른쪽 45° 위를 향해야 하는 것이다. 특히, 덧걸이는 이 부분을 주의해야 하는데, 저기치기에서 다리로 당겨오는 방향이 왼발 덧걸이의 경우, 왼쪽 45° 앞에서 몸통쪽을 향하므로 세워 밀기는 오른쪽 어깨, 즉 몸통에서 왼쪽 45°를 향하는 느낌이어야 함을 잊지 말아야 한다.
또 하나 덧걸이를 비롯한 낚시걸이와 같이 무릎의 굽혔다 펴는 탄력을 활용하는 걸이기술은 자칫, 무릎의 탄력을 살리려다 자신의 체중이 들뜨게 되는 경우가 발생한다. 이를 방지하기 위해선 축이 되는 무릎을 굽혔다 펼 때, 내 몸을 밀어 올려 탄력을 얻는 느낌이 아닌 자신의 축이 되는 발을 땅속에 박아 넣는 느낌으로 연습하는 것이 좋다.

When you perform Duht-guh-ree, the important thing is to understand the direction of your foot and hands. As in all other Guh-ree techniques, you hand and foot in the opposite direction. In other words when your hand is downwards 45 degrees to the left, then your leg must be 45 degrees to the right going upwards. Especially in Duht-guh-ree, you have to be careful of the following part. The direction you pull with your leg is towards your body(from the left at 45 degrees). The hand is from your right shoulder, then 45 degrees to the left.
One other thing is when you perform Guh-ree techniques which uses the momentum from your knees straightening, such as in Duht-guh-ree and Nak-shee-guh-ree, sometimes your whole body lifts in attempt to generate power. To prevent this error, when you bend your supporting leg and straighten up, practice as though you are putting your foot 'into' the ground at the same time, rather than simply raising up. This enables you to keep your balance.

(3) 손질

나아가며 익히기의 손질은 칼잽이와 덜미잽이, 덜미걸이가 있다. 이는 각각 서서 익히기의 칼재기, 가로밀기, 세워밀기를 품밟기 및 걷기와 맞으로 조합한 동작들이다. 단, 손질을 하는 경우, 품 내밟기의 경로에서 앞으로 내딛는 발은 품 내밟기의 한 배 반에서 두 배 가량 멀리 내딛으며, 축이 되는 뒷다리는 무릎을 쭉 펴 몸을 지탱해주어야 한다.

뒷발의 무릎을 쭉 펴주는 이유는 상대를 밀 때 큰 힘을 내려면 우리 몸의 근육 중 뒤쪽 근육(신근)을 주로 사용해야 하고, 몸의 뒤쪽 관절들이 펴진 상태가 되어야 이 신근의 힘을 제대로 활용하여 큰 힘을 낼 수 있기 때문이며, 또한 상대가 밀리지 않았을 때 내 몸을 버틸 수 있는 자세가 되어 주기 때문이기도 하다.

① 칼잽이

칼잽이는 대체로 세 부분으로 구분할 수 있는데, 첫째, 원품상태에서 축이 되는 오른 다리로 체중을 이동하며 왼발을 원품의 중간지점으로 끌고 온다. 동시에 몸을 편안하게 우측 발이 가리키는 방향으로 틀어주며 왼손 칼재기를 준비한 후, 왼발을 품 내밟기의 앞발을 내딛는 경로를 따라 앞쪽으로 내밟기의 경우보다 두 배 가량 멀리 내딛으며 왼 손 칼재기를 한다. 이때 허리는 꼿꼿이 세워져야 하며 가슴은 오른 발과 같은 방향을 향해야하고, 오른 무릎은 바르게 펴져 몸을 지탱하여 앞으로 밀어주어야 한다. 동시에 왼 무릎은 45° 정도 편안하게 굽힌다.

1-1

1-2

1-3

(3) Sohn-jil

In this section there are Kahl-jae-bee, Duhl-mee-jae-bee, and Duhl-mee-kuh-ree. Each of these are the combination of Kahl-jae-kee, Gah-roh-mil-kee, and Say-wuh-mil-kee(respectively) of 'Stationary Practice', Poom-bahl-kee and Guht-kee. When you do Sohn-jil, the root of Poom Nae-bahl-kee demands that the foot that goes forward, when you step, should be further(1.5 – 2 x further) than usual. The supporting leg should be straight.

The reason you make your hind leg straight is because we use the extensor muscle to generate power when we push our opponent. The joints in the back part of the body need to be straight to work alongside the extensor muscle. This also acts to help you to resist being pushed yourself.

① Kahl-jae-bee

You can divide it into three parts. First, from Won-poom, shift your body weight to the right leg and pull your left foot to the center point of Won-poom. At the same time twist your body towards the direction that your right foot is pointed. Make your left hand ready for Kahl-jae-kee. Then put your left foot twice as far as you usually might. Do Kahl-jae-kee at the same time. When you do this, your back must be straight and your chest facing in

1-4

2-1

3-1

둘째, 칼재기 한 팔을 자연스레 내리며 굽힌 왼 무릎을 펴 왼발로 땅을 차는 반동으로 몸을 일으킨다. 동시에 왼발을 끌어당겨 좌품의 내딛는 위치보다 약간 안쪽(품 내밟기에서 왼발을 내딛은 위치와 내딛기 전 원품의 중심점의 중간 부분 정도)에 살짝 딛는다.

셋째, 왼발을 걷기로 내딛는다. 오른 쪽은 왼발을 내딛은 직후 자연스레 연결한다.

서서 익히기에서의 칼재기가 주로 아래에서 위로 밀어 올리는 움직임 경로를 지닌 공격이었다면 나아가며 익히기에서의 칼재기는 앞으로 향하는 실질적인 위력을 가진 공격이 된다. 즉, 발을 멀리 내딛는 동작과 동시에 이루어짐으로써 칼잽이는 단순히 아래에서 위가 아닌 날카로운 타원형의 대각선 방향 공격 경로를 갖게 되는 것이다.

the same direction as the right foot. Your right leg should be straight to support your body and allow you to push forward. The left knee is bent about 45 degrees however.

Second, naturally pull the arm back and down and straighten the left leg and using the momentum you generated, push off the ground with your left foot and straighten your whole body. Next you pull back the left foot to just inside the point you would normally do Jwa-poom(in other words, the mid-point of where you'd normally do Poom Nae-bahl-kee and the center of Won-poom).

Third, you put down your left foot as Guht-kee.

In 'Stationary Practice', Kahl-jae-kee is attacking with a push from a 'down to up' motion. While in 'Practicing While Stepping', Kahl-jae-kee becomes a practical and powerful attack as it goes forward. So when combining far stepping, Kahl-jae-bee doesn't 'just' go down to up, it goes in a diagonal direction(more powerful as a result).

② 덜미잽이

덜미잽이는 가로밀기와 걷기 및 품밟기를 이용한 이동 동작의 조합이다.

첫째, 원품 상태에서 축이 되는 오른다리로 체중을 이동하며 왼발을 원품의 중간 지점을 지나쳐 스치듯 품 내밟기의 왼발을 내딛는 지점의 두 배 가량 앞쪽에 내딛는다. 이때, 왼 손을 우측 겨드랑이 앞으로 끌어오며 가로밀기 한다.

둘째, 가로밀기가 상대의 목 왼편을 뒤쪽 대각선 방향으로 밀었다는 가정 하에 왼 손목을 꺾어 상대의 목을 역으로 감싸듯이 걸어준다. 동시에 앞으로 내딛은 왼발로 지면을 차는 탄력을 이용하여 상대의 목을 자신의 왼쪽 뒤 방향 45° 아래로 잡아챈다. 이때 왼 발은 칼잽이의 경우와 마찬가지로 좌품 정도의 위치에 살짝 디디며 허리는 왼쪽으로 가볍게 틀어 상대의 목을 채는 움직임을 돕고, 시선은 왼손 끝을 따라간다.

셋째, 동작을 자연스레 풀며 왼발을 내딛고 오른쪽 동작으로 연결할 준비를 한다.

1-1

1-2

1-2

② Duhl-mee-jae-bee

This is a combination of Gah-roh-mil-kee, Guht-kee and Poom-bahl-kee.

First, from Won-poom shift your bodyweight to the right leg and put your left foot past the centerline of Won-poom and extend it twice the distance you normally would with Nae-bahl-kee. At the same time do Gah-roh mil-kee with your left hand, pulling in front of your right armpit(not 'immediately' in front of).

Second, under the assumption that you pushed your opponent's left side of his neck in a diagonal direction(using Gah-roh-mil-kee). twist your wrist and hook his neck as if you are wrapping. At the same time, with your left foot push off the ground and yank him downwards(and backwards) at 45 degrees to your left side. When you do this, it is the same case as in Kahl-jae-bee, slightly put down your left foot to the point of Jwa-poom and twist your waist to the left to make the yanking easier. The line of site follows the tip of the left hand.

Third, go back to your original position. While you are putting down your left, be ready to repeat the same on the right.

2-1	2-2	3-1

덜미잽이를 할 때는 왼손을 겨드랑이 앞까지 끌어올린 후에 가로밀기로 연결하게 되나, 이 동작이 익숙해진 후에는 오른쪽 옆구리 정도의 높이에서 비스듬히 밀어 올리며 가로밀기를 하는 것이 좋다. 이 동작은 완전히 어깨 높이에서 가로로 미는 것보다 상대의 시각 아래쪽에서 이루어져 상대에게 잘 보이지 않음과 동시에 동작의 경로를 줄여 빠르게 동작을 할 수 있는 장점이 있다. 그러나 초보자 단계의 수련에서 이렇게 할 경우엔 상대의 목을 비스듬히 대각선 뒤쪽 방향으로 밀어주는 움직임이 제대로 이루어지지 않을 수 있으므로 겨드랑이 높이까지 끌어올린 후 수련하는 것이 좋다.
또한 덜미잽이를 할 때는 상대의 목을 가로밀기 동작으로 잡고 바로 당겨오는 것이 아니라 상대의 목을 우선 뒤로 밀고 그에 저항하는 상대의 움직임을 역이용하여 상대의 목을 채 오는 것이 기본적인 원리임을 명심해야 한다. 즉, 상대의 목을 목표점으로 하는 삼각형 형태의 움직임 경로가 아닌 상대의 목보다 뒤를 목표점으로 하는 날카로운 타원형 형태의 움직임 경로가 되어야 한다.
덜미잽이를 끌어당겨올 때는 끌어당기는 손이 뒷발의 뒤꿈치를 넘어가지 않게 하는 것이 중요하다. 뒷발의 뒤꿈치를 넘어갈 만큼 과도하게 끌어오는 습관은 허리를 너무 뒤틀게 하고 중심이 뒤로 쏠리게 하여 실제 기술을 사용할 때, 자신의 중심을 무너뜨리기 때문이다.

When you do Duhl-mee-jae-bee, you're pulling up your left hand to the front line away from your armpit and then doing Gah-roh-mil-kee. Once you get comfortable with this movement, it is better to do Gah-roh-mil-kee while you are slightly pushing up from the right side of your waist(rather than armpit). This movement has a merit. You can do it faster route as it's a shorter route, so it's quicker and also below your opponent's line of site, so he may not see it coming. However this action for beginners is not performed properly, so in that case, it is better to practice raising your hand to armpit level and then finish.
Also when you do Duhl-mee-jae-bee, you have to remember it's not just grabbing your opponent's neck with Gah-roh-mil-kee and pulling. You push your opponent's neck backwards and use his resistance to aid in yanking him down. In other words the root of the action is not like a triangle where you are targeting your opponent's neck, rather it should be a sharp oval shape targeting further back than his neck.
When you yank or pull down it is important that the pulling hand does not go past the heel of the supporting leg. It is a bad habit to pull to far which puts you off balance.

③ 덜미걸이

덜미걸이는 세워밀기와 다리 움직임의 조합이다.

첫째, 원품 상태에서 축이 되는 오른 다리로 체중을 이동하며 왼 발을 원품의 중간지점으로 끌어온다. 이후, 왼발을 멀리 내딛으며 왼손을 들어 올려 세워 밀기를 한다. 세워밀기는 허리를 자신의 오른쪽 발 방향까지 충분히 틀어 정확하게 해줘야 한다. 이때, 덜미걸이는 칼잽이나 덜미잽이와 달리 왼손을 들어 올리는 동작으로 인해 반 박자 정도의 시간이 더 소모된다.

둘째, 내딛은 왼발로 땅을 차는 탄력과 세워밀기를 하며 오른쪽 발 방향으로 틀어진 허리를 원래대로 돌리는 힘을 활용하여 상대의 목을 걸어 자신의 가슴 쪽으로 당겨온다. 이때 왼팔은 한손 긁기의 동작과 같다. 그리고 왼발은 원품의 중간 지점으로 끌어온다.

셋째, 왼팔을 자연스레 풀며 왼발을 걷기로 내딛는다. 오른 쪽은 왼발을 내딛은 직후 자연스레 연결하여 실시한다.

덜미걸이와 덜미잽이의 명칭을 헷갈려하는 경우가 많은데, 필자의 경우, 상대의 목을 노리고 잡으러 가는 덜미잽이와 올라간 팔이 내려오는 중간에 상대의 목이 걸리는 덜미걸이라는 개념으로 덜미잽이와 덜미걸이를 구분한다. 또한 덜미걸이 역시 상대의 목을 우선적으로 밀어주고 그에 저항하는 상대의 힘을 역이용하여 당겨 와야 한다. 즉, 덜미걸이와 덜미잽이 모두 그 기초가 되는 가로밀기, 세워밀기의 명칭과 같이 우선 상대의 목을 밀고 그에 대해 상대가 저항하는 힘을 활용하여야 하는 것이다.

1-1

1-2

1-3

③ Duhl-mee-guh-ree

This is the combination of Say-wuh-mil-kee and leg action.

First, from Won-poom shift your bodyweight to your right leg and drag your left foot to the midpoint of Won-poom. Then, step your left foot far ahead and raise your left hand as it does Say-wuh-mil-kee. When you perform Say-wuh-mil-kee, you have to make sure to twist your waist in the direction of your right foot. Not like Kahl-jae-bee or Duhl-mee-jae-bee, because of the action of raising your left hand, Duhl-mee-guh-ree takes more time(half a beat more).

Second, using the momentum of pushing off the ground with the left foot and the power from the waist returning to the original position, hook the opponent's neck and pull towards your chest. The left arm is the same as in Han-sohn Guhl-kee. Then bring your left foot to the midpoint of Won-poom. Relax your left arm naturally and step with your left foot as a Guht-kee. Right after continue with the right side.

In many cases people confuse Duhl-mee-guh-ree and Duhl-mee-jae-bee. In my case I distinguish the two actions with the concept of Duhl-mee-jae-bee is the concept of 'grabbing' your opponent's neck and Duhl-mee-guh-ree is raising the arm and hooking the neck while it's on the way down.

1-4

2-1

3-1

(4) 활갯짓

나아가며 익히기의 활갯짓은 두 손 크게 긁기와 두 손 크게 제치기, 뱃심내고 허리재기의 세 가지 동작이 있다. 이는 양손을 동시에 사용하는 활갯짓과 걸음걸이의 조합으로, 내딛는 발 쪽 손이 반대쪽 손보다 높이 올라갈 경우를 맞, 그 반대이 경우를 엇이라 한다. 두 손 크게 긁기와 제치기는 기본적으로 맞으로 행해지며 뱃심내고 허리재기는 맞과 엇이 지속적으로 교차된다.

① 뱃심내고 허리재기

뱃심내고 허리재기는 품 내밟기와 활갯짓 두 손 제치기와 긁기, 그리고 걷기가 조합된 동작이다.

첫째, 원품 상태에서 축이 되는 오른 다리로 체중을 이동하며 왼발을 정강이 중간 높이 정도까지 무릎을 굽혀 들어올린다. 이때 두 팔은 오른 손이 위로 올라오게 하여 두 손 작게 제치기를 준비한다. 곧이어 왼발을 품 내밟기의 왼발을 내딛는 자리에 강하게 굴러 디딘다. 동시에 두 팔을 이용해 단전 높이에서 엇으로(왼 손 아래) 작게 제치기를 한다. 이때, '이크' 하는 강한 기합과 함께 아랫배에 순간적으로 단단히 힘을 주며 배를 앞으로 튕겨준다. 아랫배를 앞으로 튕겨주기는 하나 동시에 단단히 힘을 주게 되므로 아랫배와 허리는 내딛은 왼발의 윗선을 벗어나지 않는다.

1-1	1-2	2-1

(4) Hwahl-get-jit

There are three movements in Hwahl-get-jit in 'Practice While Stepping'. They are Doo-sohn(both hands) Kuh-gae(high) Guhl-kee, Doo-sohn Kuh-gae Jay-chee-kee and Bet-shim-nae-goh Huh-ree-jae-kee. These are the combination of Hwahl-get-jit(with both hands) and Guh-ruhm-guh-ree. In the case of your stepping side hand, it goes higher than the other hand, we call it Maht. The other case we call it Uht. Doo-sohn Kuh-gae Guhl-kee and Doo-sohn kuh-gae Jay-chee-kee are done as Maht. Bet-shim-nae-goh Hhuh-ree-jae-kee is done as Maht and Uht continuously alternating.

① Bet-shim-nae-goh Huh-ree-jae-kee

Bet-shim-nae-goh Huh-ree-jae-kee is a combination of Poom Nae-bahl-kee, Hwahl-get-jit Doo-sohn Jay-chee-kee, Hwahl-get-jit Doo-sohn Guhl-kee and Guht-kee.

First, from Won-poom shift your weight to your right leg and left your left foot up to the level of the middle of your shin. Be ready for Doo-sohn Jahk-gae Jay-chee-kee. Then put the left foot strongly where you put your foot normally for Poom Nae-bahl-kee. At the same time use both arms perform Jahk-Gae Jay-chee-kee by Uht at the level of Dahn-juhn(lower abdomen). When you do this push forward as you put power into that

2-2 | 3-1 | 3-2

둘째, '에크' 하는 작은 기합과 함께 제치기가 끝난 상태에서 회수 되지 않은 두 팔을 맞으로(왼 손 위) 긁어 들이며 강하게 내딛었던 왼발에 힘을 풀며 원품의 중간지점으로 끌어당긴다.

셋째, '에~크' 하는 다소 긴 기합으로 전신을 이완시키며 맞으로(왼 손 위) 두 손 크게 제치기를 한다. 반대편은 왼발을 걷기로 내딛고 크게 제치기 한 팔을 자연스레 내려뜨린 직후, 바로 이어진다. 쉽게 풀어 설명하면, 뱃심내고 허리재기에서 뱃심을 낼 때는 올리는 발쪽 손의 활갯짓이 아래로 내려가고, 허리재기를 하며 긁고 제치기를 할 때 손의 위와 아래가 바뀐다는 것이다.

> 뱃심내고 허리재기를 비롯한 나아가며 익히기의 활갯짓 동작들은 그 용도가 명확하지 않다. 이는 실전적인 용도를 가진 것이기보다는 활갯짓과 걸음걸이를 자연스레 조화시켜 견주기 상태에서의 자연스럽고 지속적인 활갯짓을 하기 위한 연습 동작으로 여겨진다. 특히, 뱃심내고 허리재기는 아랫배에 힘을 주어 허리와 하복부를 튕겨내듯이 힘을 주긴 하지만, 활갯짓 동작과 아랫배의 힘을 통해 힘을 주는 순간에도 신체의 안정성을 유지하는 연습이 되는 동작으로서, 택견의 다양한 동작 속에서 자연스레 뱃심을 내면서도 약점이 되는 아랫배가 과도하게 밀려나가는 자세를 막기 위한 연습으로 여겨진다.
> 무엇보다도 뱃심내고 허리재기의 수련이 중요한 이유는 뱃심을 내줌으로 인해 내공수련이 동시에 이루어질 수 있기 때문이며, 택견의 독특한 움직임인 굼실대고 튕겨내는 탄력적인 몸놀림을 자연스럽게 몸에 배게 만들어 주기 때문이다.

region. Say 'IK' forcefully. Do not push 'too far' however. Keep it behind the line your front foot made in front of you.

Second, with a small shout, 'EK', pull back both arms alternating using Guhl-kee by Maht. Relax your left foot and pull it back to the midpoint of Won-poom.

Third, do another, and longer 'EK' as you relax your whole body as you perform Doo-sohn kuh-gae Jay-chee-kee by Maht. Put down the left foot as a Guht-kee and relax your arms and repeat the same on the other side. To simplify, when you push out your abdomen, the hand(Hwahl-get-jit) of the side of the lifting leg goes down. When you do Guhl-kee and Jay-chee-kee while you are doing Huh-ree-jae-kee, switch your hands position.

The Hwahl-get-jit movement in 'Practice While Stepping', doesn't have obvious purpose. It seems to harmonize Hwahl-get-jit and Guh-ruhm-guh-ree. In Kyeon-joo-kee(sparring), it helps you to natural and continuous Hwahl-get-jit. Especially when you do Bet-shim-nae-goh Huh-ree-jae-kee, you put the power in your lower abdomen and push outwards, but with Hwahl-get-jit, it happens to practice keeping balance. Also Hwahl get jit prevents you from pushing out your abdomen too much.
Also another reason to practice Bet-shim-nae-goh Huh-ree-jae-kee is you can do internal training through that exercise and it helps your body to make the unique motions of Taek-gyeon more natural.

② 활갯짓 두 손 크게 긁기

활갯짓 두 손 크게 긁기는 양손의 긁기와 걷기의 조합이다. 활갯짓 두 손 크게 긁기는 두 부분으로 구분할 수 있는데,

첫째, 원품상태에서 축이 되는 오른발로 체중을 옮기며 오른 무릎을 굽힌다.

둘째, 굽힌 오른 무릎을 펴는 탄력을 이용해 왼손은 어깨 높이 오른손은 가슴 높이로 긁기를 한다. 동시에 왼 발은 걷기로 내딛어야 하며 긁기가 끝남과 동시에 왼발의 내딛는 동작도 끝난다. 이때, 가슴은 왼발 걷기가 향하는 좌측 45°를 향한다. 긁기가 끝난 후, 두 손은 자연스레 아래로 늘어뜨려 편안히 내려준다. 오른쪽은 왼발 걷기가 끝남과 동시에 자연스레 이어진다.

1-1	2-1	2-2

② Hwahl-get-jit Doo-sohn Kuh-gae Guhl-kee

It's a combination of two-handed Guhl-kee and Guht-kee. It can be divided into two parts.

Hirst, from Won-poom, shift your body weight to your right foot and bend your right knee.

Second, using the momentum of straightening the bent knee, perform the Guhl-kee with the left hand at shoulder level and the right hand at chest level. When you do that, put down your left foot as a Guht-kee. As soon as you finish Guhl-kee, you finish with your left foot. When you perform these techniques your chest faces 45 degrees to the left where your left foot's Guht-kee is pointed. After you finish Guhl-kee, put down both hands naturally and relax. Continue on the right side once you do Guht-kee with the left foot.

2-3

2-4

2-5

활갯짓 두 손 크게 긁기를 하는데 있어서 가장 많이 나타나는 실수는 두 손 크게 긁기 후, 팔을 자연스레 아래로 내려야 하는데, 긁어온 움직임 경로 그대로 되돌아가는 경우가 나타난다는 것이다. 즉, 걷기와 두 팔을 신경 쓰느라 긁기 동작이 마무리가 되지 못하고 어정쩡하게 다시 양 어깨 앞으로 벌어지게 되는 것이다. 따라서 활갯짓 두 손 크게 긁기를 할 때는 한 동작 한 동작 완전히 마무리한다는 생각으로 행해야 한다. 한편, 후에 본때뵈기 등에서는 활갯짓 두 손 작게 긁기가 나오는데, 이 경우에는 위쪽 팔이 가슴 높이, 아래쪽 팔이 배꼽 높이 정도로 긁기를 해준다.

The most common mistake when perform this technique is when after finishing Guhl-kee, some people go back the route you performed the Guhl-kee. You are supposed to relax and naturally put down your arms. In other words you are focusing on Guht-kee and your two arms, so your Guhl-kee cannot be finished properly and out stretching your arms in front of your shoulders wildly. So when you do Hwahl-get-jit Doo-sohn Kuh-gae Guhl-kee, you have to think to finish 'completely' every movement. Meanwhile, in Bohn-dae-bae-kee and others, you see Hwahl-get-jit Doo-sohn Jahk-gae Guhl-kee. In this case Guhl-kee is done with the upper arm held at chest level and the other is at navel level.

③ 활갯짓 두 손 크게 제치기

활갯짓 두 손 크게 제치기는 활갯짓 두 손 크게 긁기와 팔의 움직임만 제치기를 행할 뿐, 똑같은 움직임을 갖는다.

첫째, 원품상태에서 축이 되는 오른발로 체중을 옮기며 오른 무릎을 굽힌다.

둘째, 굽힌 오른 무릎을 펴는 탄력을 이용해 왼발을 걷기로 내딛는 동시에 왼손은 어깨 높이 오른손은 가슴 높이로 제치기를 한다. 이때, 가슴은 왼발 걷기가 향하는 좌측 45°를 향한다. 오른쪽은 왼발 걷기가 끝남과 동시에 자연스레 이어진다.

활갯짓 두 손 크게 긁기와 제치기를 자연스럽게 행하기 위해서는 두 팔을 어깨 힘으로 들어 올리는 것이 아니라 무릎의 탄력을 이용해 두 팔을 밀어 올리는 느낌으로 행하도록 해야 한다. 즉, 축이 되는 다리를 굽혔다 펴는 탄력이 엉덩이와 옆구리를 거쳐 양 어깨를 쳐 올리고 그 힘으로 인해 전체 팔이 튕겨 나가는 느낌으로 행하면 된다.

1-1

1-2

2-1

③ Hwahl-get-jit Doo-sohn Kuh-gae Jay-chee-kee

This is the same movement as Hwahl-get-jit Doo-sohn Kuh-gae Guhl-kee, except the arms are doing Jay-chee-kee.

First, from Won-poom shift your bodyweight to the right leg and bend that knee.

Second, using the momentum of straightening that leg, perform the Jay-chee-kee with the left hand at the level of the shoulder and the right hand at the level of the chest as you are putting your left foot as a Guht-kee. When you do that, your chest should be pointed 45 degrees to the left where your left food is pointed. As soon as you finish left foot Guht-kee, continue on the right side.

To perform Hwahl-get-jit Doo-sohn Kuh-gae Guhl-kee and Hwahl-get-jit Doo-sohn Kuh-gae Jay-chee-kee, you have to feel like you are not raising your arms with your shoulders, rather focus on you pushing them up using the momentum of the bent knee.

2-2 2-3 2-4

4. 맨나중 익히기(쓰임수 및 활갯짓)

맨나중 익히기는 혼자 익히기에서 정리체조의 역할을 하는 부분이라고 생각할 수 있다. 맨나중 익히기는 잡아대기, 밭장다리, 옆발질, 낭상, 활갯짓 맞 쳐들기, 품밟으며 활갯짓, 늦은배 숨고르기 등 택견의 기본 동작 중, 신체를 이완시켜주고 호흡을 정리하는 동작들로 구성되어 있다.

(1) 잡아대기

잡아대기는 자신의 배를 향해 오는 상대의 곧은 발질과 같은 직선 들어차기를 막아낸 후, 잡아채는 동작이다.

첫째, 원품 상태에서 왼 팔을 쭉 뻗어 왼쪽 45°를 향해 왼손이 허리 높이에 올 때까지 들어올린다.

둘째, 허리를 회전시키는 탄력을 이용해 왼 손목의 안쪽 부위로 상대의 발목을 자신의 오른쪽 방향으로 쳐내듯이 팔을 허리높이에서 휘둘러 준 후, 왼 손으로 상대의 발목을 낚아채듯 움켜쥔다. 이때 엄지손가락으로 움켜쥐는 것은 아니며 엄지는 손바닥에 붙이고 손바닥 전체로 감아 채야한다. 이때 왼 팔은 오른쪽 45°방향까지 돌아가야 하며, 뱃심을 이용하기 위해 아랫배를 살짝 앞쪽으로 튕겨준다.

셋째, 원품 자세로 자연스레 돌아온다.

1-1

1-2

2-1

4. Maen-nah-joong Ik-hee-kee(Final Steps in Learning : Su-im-soo and Hwahl-get-jit)

Maen-nah-joong Ik-hee-kee or 'Final Steps in Learning', can be considered as part of the final exercises(such as cooling down) in 'Solo Training'. It is made up of movements that relax your body and regulate your breathing, using some of the basic movements of Taek-gyeon such as: Jahb-ah-dae-kee, Baht-jang-dah-ree, Yeop-bahl-jil, Nahng-sahng, Hwahl-get-jit Maht Chuh-duhl-kee, Hwahl-get-jit while Poom-bahl-kee, and Nuh-zeun-bae Soom-goh-roo-kee.

(1) Jahb-ah-dae-kee

This is a 'grabbing' movement after you block your opponent's front kick / spear kick(such as Gohd-eun-bahl-jil) that targets your stomach.

First, from Won-poom, outstretch your left arm and raise to your waist level, 45 degrees to the left.

Second, using the momentum from twisting your waist, swing your arms at the waist level as if you are knock away your opponent's ankle to the right with the inside of your wrist. Then you grab his ankle as if you're snatching with your left hand. Take care not to use your thumb, It should be safely set against your finger. Rather cup the ankle when your grab it.

2-2	2-3	3-1

잡아대기를 할 때, 흔히 실수하는 부분은 상대의 발목을 자신의 복부 앞에서 잡아채고자 하는 것이다. 이는 매우 위험한 행동으로 상대의 곧은 발질이 잡은 팔을 그대로 밀고 들어와 자신의 복부를 공격할 수 있게 된다. 따라서 자신의 반대편 허리 바깥쪽으로 상대의 다리를 쳐 낸 후, 잡아채야 함을 잊지 말아야할 것이다.
또 하나 자주 나오는 실수는 겨드랑이를 45° 각도로 벌리지 않고 잡아대기를 한다는 것이다. 이 경우, 잡아대기를 하는 손목이 지나는 경로는 자신의 복부 바로 앞이 된다. 그럴 경우, 상대의 공격이 잡아대기 동작에도 불구하고 손목과 부딪히는 지점이 자신의 복부에 너무 가까워진다. 그러면 완전히 상대의 발을 쳐내기 전에 자신의 배에 발질이 꽂히게 된다. 따라서 잡아대기를 할 때는 자신의 손이 배 높이에서 가능한 앞으로 멀리 나간 채 이루어지도록 겨드랑이를 45° 각도 이상 벌려주고, 자신의 배에서 가능한 멀리에서 상대의 발목을 쳐 내야 한다. 하나 더 주의할 점은 상대의 발목을 쳐내는 것은 손바닥이 아닌 손목 안쪽 부분이며, 쳐내고 난 후, 손바닥 전체를 이용해 마치 채찍처럼 상대의 발목을 잡아채야 한다는 것이다.
또한, 잡아대기의 손동작이 끝나는 지점을 헷갈리는 경우가 빈번한데, 대부분의 수련자들이 반대편 허리 방향에서 끝나는 것으로 생각한다. 그러나 잡아대기는 배꼽 앞에서 끝나는 동작이다. 다만 허리를 틀면서 동작을 행하다 보니 허리 쪽에서 동작이 마무리되는 것처럼 보이는 것이다. 다시 말해 배꼽에서 정면으로 본인의 손으로 한 뼘 정도 되는 거리에서 손동작을 마쳐야 하는 것이다.

The whole arm should then go 45 degrees to the 'right' and push your lower abdomen forward slightly for extra power.

Third, naturally go back to Won-poom.

The most common mistake made is trying to grab your opponent's ankle, when it is just in front of your stomach. This s very dangerous because his Gohd-eun-bahl-jil comes through with your hand attached to it. So remember to push / knock away the kick away from you THEN grab.
Another common error is performing Jahb-ah-dae-kee without your arm outstretched 45 degrees. In this case the root your wrist passes is by is immediately in front of your stomach. Even if you perform the rest of it properly your wrist is too close to your abdominal area. Before your knock away his kick you get hit. So be sure to outstretch your arm and block as far from your stomach as possible. A third error is using your palm rather than the inside of your wrist. Although comfortable it could be a grave mistake.
In many cases people confuse where to stop with Jahb-ah-dae-kee. Many think you finish the action on the other side of the waist, however it finishes in front of the navel. When you execute the technique you twist your body so it 'looks' like you are finishing that far, but you aren't. You should finish the action in front of the navel one hand span 'away' your stomach.

(2) 발장다리

발장다리는 상대의 발목을 겨냥한 째차기라고 보면 이해가 쉽다.

첫째, 원품에서 허리를 약간 오른쪽으로 트는 동시에 왼 손으로 잡아대기 동작을 한다. 이때, 잡아대기 동작은 잡아대기의 기본 동작과 달리 왼 손이 배꼽 앞, 몸의 중심선을 지나서 오른쪽 환도뼈 부위까지 닿아야 한다. 이때 손등이 위로 가고 엄지손가락부위가 환도뼈에 닿도록 한다.

둘째, 무릎을 낮추고 왼발을 오른 발 안쪽 복숭아 뼈 옆으로 끌어온다.

셋째, 왼다리가 바깥쪽을 향하도록 허벅지에서 발끝까지 전체를 바깥으로 틀어주며 왼발을 바닥을 스치듯이 움직여 왼 발등으로 상대의 발목을 친다. 이때 상대의 발목은 품 내밟기의 내딛는 위치에 있다고 가정한다.

넷째, 왼발을 지나간 경로 그대로 회수한 뒤 원품으로 돌아온다. 오른쪽도 동일하게 연습한다.

1-1

1-2

2-1

(2) Baht-jang-dah-ree

This is easy to understand if you think this is Jae-cha-kee targeting your opponent's ankle.

First, from Won-poom twist your waist to the right slightly then perform the Jahb-ah-dae-kee with the left hand. This time, Jahb-ah-dae-kee, is not like the typical way of performing it. Your left hand passes the center of your body(rather than stopping) till it reaches in front of your hip bone. The back of your hand should face the sky and your thumb should actually eventually 'touch' the hipbone.

Second, bend your knee and bring your left foot to the inside of your right ankle.

Third, the whole left leg twists to the outside and the left foot is almost touching the ground. Hit your opponent's ankle with your instep. This assumes his ankle is at the point where you step down as Poom Nae-bahl-kee.

Fourth, pull back the foot along the root you started and go back to Won-poom. Practice on the opposite side.

3-1	4-1	4-2

밭장다리 역시, 허리를 꼿꼿이 세운 후에 동작을 하는 것이 중요하다. 또한 밭장다리를 한 후, 타격 지점에서 직선으로 원품으로 돌아오는 경우가 많은데, 이는 잘못된 습관으로 반드시 축이 되는 발의 안 쪽 복사뼈를 지나쳐 원품으로 돌아가야 한다.
밭장다리를 치는 방법은 두 가지 인데 한 가지는 발등으로 상대의 복사뼈 부위를 가볍게 치는 방법이다. 이 경우에는 상대의 중심으로 흩트리기 위한 목적 보다는 상대의 움직임을 견제하기 위한 동작으로 다음 공격을 위한 예비 공격으로 보면 된다.
다른 방법은 상대의 발목보다 약간 뒤쪽을 겨냥한 뒤, 차는 발이 상대의 발목에 닿기 직전에 발등을 자신의 몸 쪽으로 툭 털듯이 발목 스냅을 주는 것이다. 이는 상대의 중심을 흩어놓기 위한 실제 공격 목적의 동작으로 이렇게 하면, 상대의 발목 옆이 아닌 아킬레스건 부위를 타격하게 되고 아킬레스건을 타격당한 상대의 발목은 편하게 퉁 하고 튕겨져 움직이게 된다. 실제로 상대의 발목을 쳐 보면, 발목의좌우 옆면을 치는 것보다는 아킬레스건 부위를 쳤을 때, 통통 튀듯이 밀려 움직이는 것을 볼 수 있다.

It is important to keep your body straight when you perform Baht-jang-dah-ree. In many cases, people come back to Won-poom right after you finish the action(striking). This is a bad habit. Be sure to trace back your motions to the beginning.
There are two ways to hit using Baht-jang-dah-ree. One is to hit the bone on the inside of his ankle lightly. This is not to topple or injure, rather 'checking' your opponent. It's a precursor for the next attack.
The other is to target a little behind the ankle, then just before you touch the ankle snap your ankle towards your body. This is the actual purpose and ruins your opponent's balance with an actual strike. In this case you actual hit your opponent's Achilles tendon forcing him to give way. When you hit that area, the reaction is almost like it bounces in retaliation.

(3) 옆발질

옆발질은 잡아대기와 옆발질을 맞으로 결합한 동작이다. 여기서 옆발질이란, 후려차기와 곧은 발질의 중간 경로를 따라 발 날을 세워 상대의 복부를 찍듯이 밀어차주는 동작이다.

첫째, 원품 상태에서 축이 되는 오른 다리로 체중을 이동하며 왼손 잡아대기를 한다. 이때, 왼손 잡아대기는 긁기 동작과 비슷하게 어깨높이에서 하며 왼손이 오른 어깨 앞에 왔을 때, 왼손을 움켜쥐며 왼 팔꿈치 아래 부분 전체를 몸통에 붙여준다. 이때 왼손의 높이는 오른 겨드랑이 높이가 되며, 왼 손은 손등 쪽으로 바짝 당겨 손등이 주먹 쥔 상태에서 바깥쪽으로 젖혀지도록 한다.

둘째, 왼 무릎을 접어 올려 옆발질을 한다. 옆발질은 엄지발가락을 몸 쪽으로 끌어당겨 바깥쪽 발 날을 세워주고 이 발 날이 내 자신의 시선에서 엄지가 안쪽으로 향하는 대각선을 만들도록 해준다(이때 발의 날은 45°로 세워야 한다). 그리고 접어올린 무릎을 앞쪽으로 밀어 펴며 발 날을 쭉 밀어 차준다. 이때의 발과 다리의 움직임은 후려차기와 곧은 발질의 중간이라고 볼 수 있으며, 목표지점은 상대의 복부가 된다.

셋째, 옆발질 한 왼 다리를 찬 경로 그대로 회수하며 잡아대기 한 왼 손을 자연스레 풀고 원품으로 돌아온다. 오른쪽 역시 동일하게 수행한다.

1-1	1-2	2-1

(3) Yeop-bahl-jil

This is a combined action of Jahb-ah-dae-kee and Yeop-bahl-jil with Maht. Yeop-bahl-jil is a pushing kick with the knife edge of your foot as if you are spearing your opponent's stomach. Its route is in between Hoo-ryuh-cha-kee and Gohd-eun-bahl-jil.

First, from Won-poom shift your bodyweight to your right leg and perform Jahb-ah-dae-kee with the left hand. When you do Jahb-ah-dae-kee, it is done at shoulder level like a Guhl-kee. When your left hand comes in front of your right shoulder, make a fist with your left hand and hold your forearm to your chest. The level of your left hand is the same as your right armpit. Your left fist should be pulled backwards.

Second, bend and raise the left knee and perform Yeop-bahl-jil. Yeop-bahl-jil is when you pull your big toe towards your body and lift the foot up with the outside knife edge of the foot facing upwards at 45 degrees. The very edge of your kicking foot should make a diagonal line to your line of site. Then push forcefully and kick with the knife edge, while straightening the bent knee. The target is your opponent's stomach.

Third, the left leg with which you kicked pull back via the route it first followed and relax the left hand naturally as you go back to Won-poom. Repeat with the right side.

1-1

1-2

2-1

옆발질에서 가장 많이 하게 되는 실수는 이 옆발질을 태권도나 여타 무도의 옆차기와 동일하게 생각하여 상반신을 옆으로 뉘인 후 몸을 틀어 횡으로 차는 경우이다. 물론 옆발질의 메커니즘이야 비슷하다 할 수 있어도 이는 잘못된 습관이다. 옆발질은 내 자신의 몸이 곧게 선 상태에서 정면이나 정면에서 약간 엇나가게 위치한 상대방의 복부를 비스듬히 밀듯이 차주는 동작으로 이를 위해 상체를 누이고 허리를 과도하게 틀어 골반 옆쪽으로 발이 나가도록 해서는 안 된다.

The most common mistake doing this kick is that you may confuse this with 'side kicks' with other arts. You bend your upper body, twist and kick to the side. Maybe the mechanism is similar, but it's a bad habit. This is to kick your opponent's stomach with your body facing forwards while you obliquely kick him in the abdomen or to the side of there. When you do this kick, avoid leaning your upper body or twist your waist too much. Your foot must not go to the side of your pelvis before you kick.

(4) 낭상

낭상은 공중에 뛰어올라 상대를 발로 차는 발질을 의미한다. 따라서 낭상 후려차기 등과 같이 들어차기의 명칭과 섞어 사용하게 되면 이는 공중에서 후려차기를 한다는 의미가 된다. 맨 나중 익히기에서 그냥 낭상이라고만 부르는 경우에는 걷어차기 동작을 공중에서 하는 것을 의미한다.

첫째, 원품상태에서 오른 무릎을 자신의 허리 높이 정도로 접어 들어올린다.

둘째, 왼다리로 깨금질 하듯이 통통 뛰며 반동을 주다가 오른 무릎을 높이 차올리며 왼다리로 점프한다.

셋째, 높이 차올린 오른 무릎과 왼발을 교차하며 공중에서 정면을 향해 걷어차기를 한다.

넷째, 왼발을 회수하며 왼다리를 든 채로 오른발로 착지한다. 오른발 낭상의 경우는 오른 다리로 착지한 이후, 오른 발 깨금질로 반동을 주며 시작한다.

1-1	1-2	2-1

(4) Nahng-sahng

This is jumping in the air and kicking. So if you use the words with Duh-ruh-cha-kee such as Nahng-sahng Hoo-ryuh-cha-kee, this means you are doing Hoo-rhuh-cha-kee in the air. In the case of just saying Nahng-sahng in Final Steps in Learning, it means you're doing Guh-duh-cha-kee in the air.

First, from Won-poom, raise your right knee to your waist level.

Second, hopping with your left leg to build a reaction, then kick high off the right knee while jumping with the left leg.

Third, the right knee and the left foot cross and do the Guh-duh-cha-kee to the front with left leg.

Fourth, pull back and hold your left leg on chest height, and land with the right foot. In the case of Nahng-sahng with the right foot, after you land with your right leg, start with the right foot hopping to start a reaction.

2-2

3-1

3-2

낭상의 핵심 요소는 점프와 동시에 들어 올린 발을 내리는 반동으로 점프한 발을 높게 차주는 것에 있다. 이를 위해서는 차는 다리의 움직임이 중요하다. 대체로 낭상을 연습하는 초보들은 차는 다리의 무릎을 편 채로 반동을 위해 들어 올린 다리와 교차하며 찬다. 이 경우, 차는 다리가 펴져 있어 그 관성이 커짐으로 높이 차지도 못하고 오히려 중심을 맞추기 위해 상체가 숙여지는 자세가 나타나게 된다. 따라서 정확하고 높은 낭상을 위해서는 차는 다리의 무릎을 들어 올릴 때, 완전히 접은 상태에서 들어 올려야 하며, 반동을 위해 들어 올린 다리와 교차한 직후, 무릎 아래를 펴며 차주어야 한다는 것이다.
한 가지 더 주의할 점은 낭상을 할 때, 차고자 하는 마음이 급해 공중에서 충분히 중심을 조정할 여유가 없어진다는 것이다. 즉, 뛰어오름과 동시에 얼른 발을 차기 위해 중심을 잃은 상태에서 발질을 하게 되는 경우가 생기는 것이다. 이를 방지하기 위해서는 공중에서 자신의 움직임을 느낀 후에 발질을 할 수 있는 마음의 여유가 필요하다. 또한 신체적으로도 반동을 얻기 위해 차올리는 무릎을 가능한 높이 차 올려주는 노력이 필요하다. 마음의 여유를 갖기 위해서는 자신이 스스로 생각하는 것보다 높이, 가볍게 떠오를 수 있음을 상상하고 믿는 것이 중요하다. 그리고 반동을 얻기 위한 무릎을 높이 차 올리기 위해서는 뛰는 동작보다 무릎을 차올리는 동작에 신경을 집중해 주는 것이 좋다.

The core point of Nahng-sahng is you jump with your first leg and land use that energy to execute a powerful kick with the opposing leg. For this, the movement of the kicking leg is crucial. Mostly, the beginners perform the kick with their legs straight and kick when they cross with each other to gain momentum. In this case, your kicking leg is straight so the inertia gets stronger so you cannot kick high. Also your upper body bends forward to keep balance. So for accurate and high jumping kicks, both your legs must be completely bent. Then when they cross, the kicking leg fully extends to deliver maximum power.
Another point to remember is when you do jumping kicks, if you are too eager to do the kick, you do not have enough time to control your balance. Imagine you jump and kick suddenly and kick while you are unbalanced. So your mind needs a moment to gain its composure before you kick. If you envision yourself being lighter you can jump higher. Focus first and foremost on your first raised knee as opposed to just jumping.

(5) 활갯짓 맞 쳐들기

활갯짓 맞 쳐들기는 좌품이나 우품 상태에서 맞으로 활갯짓 쳐들기를 하는 동작이다.

첫째, 좌품으로 선 뒤, 양 손을 각 방향의 허벅지 위에 반듯이 올린다.

둘째, 몸의 중심을 전체적으로 낮추었다가 오른 다리로 체중을 완전히 옮겨 일어서며 왼 무릎을 정면을 향한 채로 고관절 높이 까지 들어 올리며 왼 팔을 귀 뒤에 닿을 정도로 올리며 쳐들기를 한다.

셋째, 쳐들기 한 왼 팔을 내리며 왼 다리를 좌품의 위치로 내딛는다. 이때 몸의 중심을 전체적으로 낮추어준다.

넷째, 왼다리로 체중을 완전히 이동하며 일어선다. 이때 오른 다리는 무릎을 접은 채로, 무릎이 고관절 높이에서 정면을 향하도록 들어 올린다. 동시에 오른손은 귀 뒤까지 쳐들기를 한다.

대체로 이 넷째까지의 동작이 하나의 움직임을 완성하며 다음 동작은 다시 자세를 낮추며 좌품으로 돌아간 후, 왼발을 들어 올리면서 왼쪽 쳐들기를 하는 것으로 연결된다. 오른 쪽의 경우는 우품 자세에서 시작한다. 앞뒤로 움직일 때는 자세가 마치 물결치듯이 굼실대면서 낮은 자세로 이동하는 것이 중요하다.

1-1	2-1	2-2

(5) Hwahl-get-jit Maht Chuh-duhl-kee

This is the action performing Hwahl-get-jit Chuh-duhl-kee by Maht from Jwa-poom or Woo-poom.

First, stand in Jwa-poom, then put both a hand on each thigh.

Second, lower your body(bend your knees) then move your bodyweight to the right leg as you stand upright fully. Raise your left knee up to hip level. At the same time raise your left arm straight up, almost touching your ear(Chuh-duhl-kee).

Third, lower your left arm and your left leg to the point of Jwa-poom. Lower your bodyweight.

Fourth, Stand upright and shift your bodyweight to the left. This time your right knee is risen, bent and level with the hip. At the same time your right hand does Chuh-duhl-kee behind your ear.

These four steps complete 1 sequence. Next movement is a repetition from before but on the opposite side. The right side starts from Woo-poom. When you move back and forth it is important to move in low stance while you are doing Goom-shil as if it's a wave.

3-1

4-1

4-2

활갯짓 맞 쳐들기 동작은 같은 쪽의 팔과 다리를 들어 올려 몸 전체를 위아래로 늘려주는 동작이라 볼 수 있다. 즉, 전신 스트레칭의 형태로서, 맨나중 익히기가 혼자 익히기의 정리 운동으로 활용됨을 보여주는 대표적인 예가 된다. 추가로 활갯짓 맞 쳐들기와 이어지는 활개 두 손 흔들며 품밟기에서는 '활갯짓'과 '활개'라는 팔의 움직임에 대한 용어의 차이가 나타난다. 품밟기와 활갯짓이 조화롭게 동시에 이루어지는 동작에서는 '활개 두 손 흔들며 품밟기'와 같이 '활개'라는 표현이 사용되며 그 외의 경우에는 '활갯짓'이라는 용어가 사용된다.

Hwahl-get-jit Maht Chuh-duhl-kee can be seen as stretching your whole body vertically on one side at a time. This is a good example of Maen-nah-joong Ik-hee-kee being used as a cooling down exercise. The next section Hwahl-gay Doo-sohn(two hands) Huhn-duhl-myuh(swinging) Poom-bahl-kee, we can see the difference in the terms, Hwahl-get-jit and Hwahl-gay. In the action that produced Poom-bahl-kee and Hwahl-get-jit harmoniously, the term Hwahl-gay is used such as Hwahl-gay Doo-sohn Huhn-duhl-myuh Poom-bahl-kee. In the other cases the term Hwahl-get-jit is used.

(6) 활개 두 손 흔들며 품밟기

활개 두 손 흔들며 품밟기는 양 팔을 몸통 주변에서 앞뒤, 혹은 좌우로 흔들어주며 그 박자에 조화롭게 품밟기를 하는 동작이다. 여기에는 '두 손 앞뒤로 흔들며'와 '두 손 옆으로 흔들며'의 두 가지 형태가 있다.

① 두 손 앞뒤로 흔들며

이 동작에서는 두 팔을 마치 걸음을 걸을 때처럼 앞뒤로 흔들어 주게 되는데, 두 손의 손바닥은 몸통 쪽으로 마주보아야하며, 두 팔은 편안히 편 상태에서 몸통의 곁을 스치듯 움직여야 한다. 또한 두 팔은 정면을 향해 앞뒤로 흔들기 보다는 반대편 대각선 방향을 향해 비스듬히 앞으로 밀고 그 경로 그대로 뒤쪽 바깥방향으로 당겨 흔들어준다. 이를 통해 두 손의 궤적은 자신이 양 손을 내려다 볼 때, 몸통을 스치며 앞쪽으로 뾰족한 삼각형에 가까운 모양이 되어야 한다. 좌품을 내 딛을 때, 오른 팔을 앞으로 왼팔을 뒤로 흔들고 원품으로 복귀하는 품밟기의 두 번째, 세 번째 박자에서는 두 팔이 한 번씩 교차하며, 우품을 딛을 때는 왼팔을 앞으로, 오른팔을 뒤로 흔든다. 즉, 좌품이나 우품에서 엇이 되도록 품밟기의 매 박자마다 양 팔을 앞뒤로 교차하며 걸음을 걷듯이 흔드는 것이다.

from Won-poom	1-1	1-2

(6) Hwahl-gay Doo-sohn Huhn-duhl-myuh Poom-bahl-kee

This is the action that you swing both arms back and forth or left to right around your body as you perform Poom-bahl-kee harmoniously to the beat. There are two variations of this exercise. They are 'Doo-sohn Ahp-dui-roh Huhn-duhl-myuh' and 'Doo-sohn Yeop-puh-roh Huhn-duhl-myuh'.

① Doo-sohn Ahp-dui-roh Huhn-duhl-myuh

This name 'Doo-sohn Ahp-dui-roh Huhn-duhl-myuh' means 'both hands swinging back and forth'. In this section you swing your arms back and forth as if you were walking. Your palms face your body. The arms hang comfortably and almost touch your body as they passes your torso. Also when you swing your arms, it is in a diagonal direction. The path or route your hands are making, should be a triangle. The point of the triangle should be in front of you. When you step into Jwa-poom, the right arm comes forward while the left swings backward. The second and third beat of Poom-bahl-kee, renew when you go back to Won-poom, both arms cross twice. When you step into Woo-poom, your swing the left arm forward and the right arm backwards. In short, from Jwa-poom or Woo-poom, swing your arms back and forth like you are walking to the beat of Poom-bahl-kee.

2-1	2-2	next 1-1

② 두 손 옆으로 흔들며

양 팔을 어깨넓이 정도로 벌리고 두 손바닥을 가지런히 하여 아래로 45°방향을 향하도록 뻗어준 상태에서 품밟기의 박자에 맞추어 몸통의 앞쪽에서 두 팔을 시계추 흔들리듯 밀어준다. 이때, 좌품을 내딛으며 두 손을 나란히 왼쪽 45° 앞쪽으로 밀어준다. 이어 품밟기의 원품으로 복귀하는 둘의 박자에는 밀어준 두 팔을 그대로 우측 옆구리 방향으로 당겨오며, 셋의 박자에는 몸통의 앞을 지나 왼쪽 옆구리를 향해 흔들어준다. 이어 우품을 내딛으며 왼편의 옆구리에서 우측 45° 앞쪽을 향해 두 손을 나란히 밀어준다. 이러한 일련의 움직임을 통해 비스듬히 아래쪽을 향해 나란히 뻗은 두 팔로 자신의 배꼽 높이 근처에서 정삼각형에 가까운 모양을 그리며 품밟기와 조화시켜 움직인다. 이때 양 손은 그림과 같이 두 손의 손등이 앞을 보게 하거나 두 손바닥이 마주보게 하는 두 가지 방법으로 이루어진다.

1-1

1-2

2-1

② Doo-sohn Yeop-puh-roh Huhn-duhl-myuh

This name 'Doo-sohn Yeop-puh-roh Huhn-duhl-myuh' means 'swing with two hands to the side'. Extend your arms 45 degrees downwards and are shoulder-width. Palms should face downwards. Push the two arms to one side like a pendulum to the beat of Poom-bahl-kee. When you step into Jwa-poom, swing the arms to the left. Keep the angle and positioning. Then go back to 2nd beat, using Poom-bahl-kee and swing the arms to the right. On the 3rd beat, go back to the left again. Step in to Woo-poom and push to the right again. This series of motions help you form a triangle with your torso and arms while you keep moving in Poom-bahl-kee. When doing this, the shape of both hands has two styles. One is the backs of both hands are heading forward like figures, and the other is the both palms are facing each other.

2-2	3-1	3-2

활갯짓 두 손 흔들며 품밟기는 흔들리는 팔의 진자와 같은 움직임이 품밟기의 무게중심 이동에 영향을 미친다. 즉, 두 손이 흔들리는 방향에 따라 체중이 쏠리거나 몸통과 골반이 틀어지는 현상이 나타날 수 있는 것이다. 이 때, 초보들의 경우엔 몸의 흔들림을 억제하려 하거나 혹은 팔 동작을 크게 하고자 과도한 어깨 및 골반 움직임이 나타날 수 있는데, 이것이 오히려 자연스런 활개 두 손 흔들며 품밟기를 헤치는 원인이 될 수 있다. 따라서 활개 두 손 흔들며 품밟기에서는 두 팔의 흔들림을 통해 나타나는 가벼운 무게중심의 변화를 느끼고, 이를 바탕으로 골반 및 어깨를 조절하여 전체적인 균형을 깨뜨리지 않고 몸의 반동을 품밟기에 조화롭게 반영하고자 하는 노력이 필요하다.

When you do Hwahl-get-jit Doo-sohn Huhn-duhl-myuh Poom-bahl-kee your arms moving like a pendulum affect your center of gravity of Poom-bahl-kee. That means according to the direction of your hands swinging, your bodyweight leans or your torso twists. In the beginner's case, sometimes they train to control their body's swinging and try to enlarge it using the shoulders and hips too much. However these can disrupt natural flow that is supposed to be trained for. To perform this properly you need to 'feel' the slight changes in the center of gravity caused by the swinging arms. Base on the feeling you need to try to control your hip and shoulder to keep the fluidity.

(7) 활개 쳐들며 품밟기

활개 쳐들며 품밟기는 활갯짓 쳐들기와 품밟기를 조화시켜 동시에 하는 동작이다. 앞선 활갯짓 맞 쳐들기처럼 양팔을 쭉 편 채, 번갈아 올려주며 품밟기를 하는데, 품밟기 한 박자에 한쪽 팔 만을 올렸다 내리는 것이 아니라 매 박자마다 양 팔을 어깨높이에서 교차한다는 점이 다르다. 좌품을 내딛을 때, 왼팔을 올리면 '활개 맞 쳐들며 품밟기'라 부르고 좌품을 내딛을 때, 오른팔을 올리면 '활개 바로 쳐들며 품밟기'라 불린다.

양 팔을 어깨높이에서 앞으로 손끝까지 곧게 뻗은 후, 양쪽 엄지손가락이 살짝 스치듯 중심선을 향해 비스듬히 정렬한다. 그리고 그 상태에서 한 팔은 위로, 다른 한 팔은 아래로 쭉 뻗채로, 매 품밟기 박자마다 한 번씩 교차시키며 품밟기를 한다. 또한 양 손은 올라갔을 때는 정수리 위에, 내려왔을 때는 가랑이 앞에 위치하며, 정면에서 쳐다봤을 때, 정수리와 가랑이의 한 가운데를 이은 직선을 따라 양손이 이동하도록 해야 한다. 양손의 손목은 긁기나 제치기처럼 공기의 저항을 받는 깃털을 연상하며 움직이는 데, 위로 올라가 멈추면 위로 젖혀지고, 아래로 내려가 멈추면 아래로 젖혀진다.

1-1

2-1

2-2

(7) Hwahl-gay Chuh-duhl-myuh Poom-bahl-kee

This is the sequence where you perform Hwahl-get-jit Chuh-duhl-kee and Poom-bahl-kee harmoniously. As in the previous Hwahl-get-jit Maht Chuh-duhl-kee, two arms straighten and take turns raising into the sky while doing Poon-bahl-kee. This time however, every beat the two arms pass each other at shoulder level. Instead of 1 beat of Poom-bahl-kee for 1 motion, 1 beat is for raising and lowering an arm. When you step in Jwa-poom you raise your left arm it is called Hwahl-gay Maht Chuh-duhl-myuh Poom-bahl-kee. When you step in Jwa-poom and raise your right arm it is called Hwahl-gay Ba-ro Chuh-duhl-myuh Poom-bahl-kee.

Stretch out both arms(even your fingertips) and make sure both thumbs are almost touching. One arm goes up and one arm goes down. Every beat of Poom-bahl-kee should match your arms crossing each other. When an arm is up, it should be above the crown of the head. When it is down, it should be down by the groin area. The hands should move along the centerline. Your wrists are supple and softly raise and fall. When it reaches the top the wrist snaps upwards and at the bottom it snaps downwards.

3-1

3-2

3-3

활개 쳐들며 품밟기에서는 앞으로 쭉 뻗어져 오르내리는 팔의 움직임에 의해 무게중심이 앞으로 쏠리는 경향이 나타나며, 초보자들의 경우 이에 저항하기 위해 상체를 뒤로 젖히기도 한다. 그러나 이는 택견의 무게중심 및 바른 몸통 자세 유지에 치명적인 것으로서, 몸통이 올바르게 곧게 서도록 신경을 집중하여야 한다.
또한 활개 쳐들며 품밟기를 수련하는 과정에서 어깨 근육의 피로로 인해 위로 올라가는 팔이 귀 뒤에까지, 즉 손이 정수리까지 올라가지 않거나 내려가는 팔이 몸통 옆으로 쳐져 손이 골반 옆으로 흘러가버리는 경우가 자주 발생한다. 그러나 활갯짓을 통해 어깨와 등 근육 및 허리 근육이 단련되고 활갯짓의 자유로움을 찾는 기본 수련 과정이 활개 쳐들며 품밟기임을 잊지 말고 정확한 자세를 유지하도록 노력해야 한다.

In Hwahl-gay Chuh-duhl-myuh Poom-bahl-kee, the center of gravity tends to lean to the front because of the arm movements. In the beginner's case, they tend to lean backwards to resist that temptation. This is critical to keep the proper posture and keep the center of gravity. So you must focus to keep your body straight.
Also when you practice Hwahl-gay Chuh-duhl-myuh Poom-bahl-kee, you can see because of your shoulders becoming fatigued, the hands don't quite reach the crown of the head or the arms just fall to the side rather in front. However if you train your shoulder, waist and back muscles via Hwahl-get-jit, you can resist those failings. Hwahl-gay Chuh-duhl-myuh Poom-bahl-kee can allow you to better learn Hwahl-get-jit.

(8) 활개 긁으며 품밟기

활개 긁으며 품밟기는 활갯짓 한손 긁기와 품밟기를 조화롭게 펼치는 동작이다. 품밟기의 세 박자에 맞추어 각 박자마다 한 손 씩, 즉, 좌품에서 원품으로 돌아오는 동안 세 번의 한손 긁기가 좌우를 번갈아 이루어진다. 활개 긁으며 품밟기는 엇을 기준으로 한다. 다시 말해, 좌품을 내딛는 박자에는 오른손 한손 긁기가, 우품을 내딛는 박자에는 왼손 한손 긁기가 행해진다.

> 활개 긁으며 품밟기에서 행해지는 한손 긁기는 대체로 명치 높이에서 손바닥이 45° 위쪽을 향하도록 하여 행하는 경향이 있다. 기본동작으로서의 한손 긁기를 어깨높이에서 손날을 수직으로 세워서 하는 것과 차이가 나타난다. 이를 현 인간문화재 선생님은 택견의 멋과 맛 중 한 가지라 한다. 활갯짓 한손 긁기 이외에도 한손 제치기와 한손 헤치기 역시 품밟기와 조화시켜 수련하기도 한다. 헤치기는 긁기와 마찬가지 요령으로, 제치기는 엇이 아닌 맞을 기준으로 수련한다.

1-1	1-2	2-1

(8) Hwahl-gay Guhl-guh-myuh Poom-bahl-kee

Hwahl-gay Guhl-guh-myuh Poom-bahl-kee is a series of actions where you perform Hwahl-get-jit Han-sohn Guhl-kee and Poom-bahl-kee harmoniously. To the 3 beats of Poom-bahl-kee, each beat is matched with one hand. In other words when you are coming back from Jwa-poom to Won-poom you performed Han-sohn Guhl-kee three times in turns. This is done by the concept of 'Uht'. At the first beat of Jwa-poom you perform right hand Han-sohn Guhl-kee. At the first beat of Woo-poom, you perform left hand Han-sohn Guhl-kee.

Han-sohn Guhl-kee done in Hwahl-gay Guhl-guh-myuh Poom-bahl-kee tends to be done at about solar plexus level with palms facing upwards at about 45 degrees. It is different from Han-sohn Guhl-kee as a basic movement, which is done with the knife edge of the hand done at 90 degrees.
Beside Hwahl-get-jit Han-sohn Guhl-kee, Han-sohn Jay-chee-kee and Han-sohn Hay-chee-kee are also harmonuzed with Poom-bahl-kee. Han-sohn Hay-chee-kee is done in the same way with Guhl-kee, but Jay-chee-kee is done in opposite way on Maht(means same side of hand and foot).

2-2

3-1

3-2

활개 헤치며 품밟기

1-1

1-2

2-1

활개 제치며 품밟기

1-1

1-2

2-1

Hwahl-gay Hay-chee-myuh Poom-bahl-kee

2-2

3-1

3-2

Hwahl-gay Jay-chee-myuh Poom-bahl-kee

2-2

3-1

3-2

(9) 활개 치돌리며 품밟기

활개 치돌리며 품밟기는 활갯짓 쳐들며 품밟기에서 양팔을 상하의 직선이 아닌 타원을 그리며 교차시켜 돌리는 동작이다. 이때 두 손은 정면이 아닌 좌우의 45° 전방에서 스치듯 교차하게 된다.

올라가는 팔을 반대 쪽 45°, 내려오는 팔을 같은 쪽 45° 방향으로 타원을 그리듯 교차시켜 움직이면 이를 '밖으로 치돌리기'라 한다. 이와 반대로, 올라가는 팔이 같은 쪽 45°, 내려오는 팔이 반대쪽 45°를 향하게 되면 '안으로 치돌리기'가 된다. 다시 말해, 자신의 눈 앞에서 팔이 바깥쪽으로 회전하면 밖으로 치돌리기, 안쪽으로 회전하면 안으로 치돌리기가 된다. 또한 품밟기와의 조화에 있어서 좌품을 내 딛을 때, 오른손이 올라간 상태를 취하게 되면 '바로 치돌리기', 반대로 좌품을 내딛을 때, 왼손이 올라가 있으면 '맞 치돌리기'라 부른다.

1-1	2-1	2-1

(9) Hwahl-gay Chee-dohl-lee-myuh Poom-bahl-kee

Hwahl-gay Chee-dohl-lee-myuh Poom-bahl-kee is the series of actions of both arms forming large oval shapes instead of straight lines which we saw in #7. Raise one arm which is held at 45 degrees, and direct it towards the opposite side at 45 degrees. Raise the arm up and over your head. Continue on the way down until your arm reaches 45 degrees on that side of the body. This should resemble an oval shape when completed. This is called Bahk-uh-roh(outwards) Chee-dohl-lee-kee. On the other hand, if the raising arm is on the same side then put it down on the opposite side at 45 degrees, this is called Ahn-uh-roh Chee-dohl-lee-kee. In other words, your arms are circling outwards in front of you, it's called Bahk-uh-roh Chee-dohl-lee-kee. If they are circling inwards, Ahn-uh-roh Chee-dohl-lee-kee. When you do this with Poom-bahl-kee, you raise your right hand over your head when you do Jwa-poom it is called Ba-ro Chee-dohl-lee-kee. If your left hand is over your head, this is called Maht Chee-dohl-lee-kee.

3-1

3-2

3-3

활개 치돌리며 품밟기는 활갯짓이 몸 전체를 고르게 방어하며 움직이고 또한 지속적인 타원형의 움직임을 통해 상대의 발질 등을 잡아채는데 유리하므로 견주기에서 대표적으로 활용된다. 다만, 연습에서는 활갯짓을 가능한 머리 위까지 높게 돌려 연습해서 활갯짓이 머리를 충분히 보호할 수 있는 경로에 어깨가 익숙해지도록 해야 하지만 실제 견주기에서는 자신의 몸 앞쪽으로 팔 길이의 반 혹은 3분의 2 정도 거리 앞에서 돌려 상대와의 거리를 유지하는 용도로도 사용되어야 함을 명심해야 한다. 초보자의 경우, 활개 치돌리며 품밟기를 연습할 때 팔이 지나치게 옆으로 벌어지는 경향이 나타나 정면의 방어에 약해지는 습관이 생길 수 있으므로, 항상 활갯짓이 정면을 기준으로 좌우 45°를 벗어나지 않도록 주의해야 한다.

안으로 치돌리기

1-1

1-2

2-1

This is most commonly used in Kyeon-joo-kee(sparring) because the Hwahl-get-jit blocks your body and also the constant oval shaped movements makes it easier to snatch your opponent's kicks, etc. When you practice Hwahl-get-jit, you have to make sure you reach over your head so your shoulders get familiar with the route to provide suitable protection. However in actual sparring, you should remember this has to be used in keeping the distance with your opponent in front of your body(1/2 to 2/3 of your arm length away is optimal). So the ovals should be quite a bit smaller in actual combat. In the beginner's case, when they practice this series of techniques sometimes they tend to extend 'too far' to the side so your defense along your centerline is poor. Always make sure you do not exceed 45 degrees on each side.

Ahn-uh-roh Chee-dohl-lee-kee

1-1

1-2

2-1

(10) 활개 멋대로 재게 흔들며 품밟기

활개 멋대로 재게 흔들며 품밟기는 품 내밟기, 품 길게 밟기 등의 모든 품밟기 동작과 활갯짓 긁기, 제치기, 쳐들기, 치돌리기 등의 모든 활갯짓 동작을 자유롭게 조화시켜 움직이는 동작이다.

> 활개 멋대로 흔들며 품밟기는 명칭에 나타나는 '멋대로'라는 표현처럼 각자의 개성에 맞는 다양한 품밟기와 활갯짓의 조합을 연습하는 과정이다. 이때, 품밟기와 활갯짓의 움직이는 박자를 서로 조화시켜 몸의 움직임이 균형 잡힌 가운데 편안하고 자유로울 수 있도록 익히는 것이 중요하다.

1-1

1-2

2-1

(10) Hwahl-gay Muht-dae-roh Jae-gae Huhn-duhl-myuh Poom-bahl-kee

Hwahl-gay Muht-dae-roh Jae-gae Huhn-duhl-myuh Poom-bahl-kee is a series of actions with all types of Poom-balh-kee and Hwahl-get-jit.

This is as you see in the name Muht-dae-roh(means 'freely'), practice any Poom-bahl-kee and Hwahl-get-jit as you feel fit. It is important to harmonize the beats of Poom-bahl-kee and Hwahl-get-jit as well as keeping your balance.

2-2	3-1	3-2

(11) 늦은배 숨고르기

늦은배 숨고르기는 수련이 끝난 후 행해지는 숨쉬기 운동이다. 대개 원품에서 하거나, 양반다리로 앉은 자세 혹은 무릎을 모아 꿇은 자세에서 행하게 된다. 원품에서 할 경우 팔짱을 가볍게 끼고 양팔을 가볍게 가슴에서 띄워 겨드랑이에 자그마한 공간을 만든 상태로 하는 경우가 많으며, 양반다리의 경우는 양 무릎 위에 손등이 닿도록 손을 뒤집어 펼치고 하는 경우가 많다. 무릎을 꿇고 하는 경우는 양손을 손바닥이 위로 가도록 포개어 양손 엄지를 마주 댄 채 아랫배에 새끼손가락이 닿도록 갖다 붙이거나, 반대로 손바닥이 아래를 향한 상태에서 양손 아귀를 엄지손가락이 바깥, 나머지 손가락이 안쪽을 향하도록 하여 허벅지 가장 위쪽, 즉 고관절과 허벅지가 접히는 부분에 맞추어 대고 하는 경우가 많다.

늦은배 숨고르기는 대체로 자세를 취한 후, '존양' 이라는 구령에 맞춰 시작하게 된다. 이때, 두 눈은 실눈이 살짝 떠지도록 반만 감고 코끝을 바라보는 느낌으로 하며, 호흡을 깊이 들이마셔 아랫배가 빵빵해지도록 들이쉬고, 온몸의 바람이 다 빠져나가도록 끝까지 내쉰다. 호흡은 코를 통해서만 하는 경우가 많다.

breathe in	breathe out	breathe in

(11) Nuh-zeun-bae Soom-goh-roo-kee

Nuh-zeun-bae Soom-goh-roo-kee is a breathing exercise which is performed after practice. Usually it's done from Won-poom, sitting on the floor cross-legged or sitting on your knees. If you do this from Won-poom, cross your arms loosely and raise your arms so there is a little space under your armpits then you do the breathing exercise. In the case of sitting cross-legged the back of your hands should go on your knees. If you sit on your knees, rest one palm in the other and have both thumbs tough each other. The pinky fingers should touch your lower abdomen as you rest your hands in your lap. Alternatively make fists and rest the middle parts of your fingers on the uppermost parts of your thighs. This breathing exercise usually after you set your position, starts with the command 'John-yang'. When you do this half close your eyes and peer at the end of your nose and inhale deeply, making your lower abdomen full. Then exhale until all the breath is out. The breathing is done through the nose only.

breathe out

breathe in

breathe out

늦은배 숨고르기의 늦은배는 대체로 아랫배, 즉 단전부위를 일컫는다고 한다. 이러한 명칭의 영향을 받은 것이 는질러차기로 늦은배를 질러 찬다는 의미로 해석되기도 한다.
한편, '존양'이란 구호는 원래 맹자의 '존심양성(存心養性)'에서 유래된 말로 택견에서는 자신을 돌아보고 나아갈 바를 찾는 명상을 지칭한다. 즉, '존양'이란 자신의 양심과 정체감을 기르는 정신 수련으로서의 명상을 의미하는 용어로 늦은배 숨고르기와는 명확히 구별되는 개념이다. 다만, 필자의 생각으로는 몸을 단련하는 혼자 익히기 수련의 마무리 단계에서 호흡 수련과 정신 수련을 동시에 수행하기 위하여 늦은배 숨고르기의 시작 구령이 '존양'이 되는 것으로 생각된다.

When you say Nuh-zeun-bae Soom-goh-roo-kee, Nuh-zeun-bae means 'lower stomach' or 'Dahn-juhn'. The kick that was influenced by this name was Neun-jil-luh-cha-kee. This kick is basically a push kick to the Nuh-zeun-bae(lower stomach).
The command 'John-yang' originates from the Chinese scholar Mencius. In Taekgyeon, it means meditation to look into yourself and the path you are on. So this is a term for meditation that you develop your identity, you self-awareness and spiritual self. It is definitely a different concept of Nuh-zeun-bae Soom-goh-roo-kee. In my opinion Nuh-zeun-bae Soom-goh-roo-kee's command word of'John-yang' symbolizes training breathing and spiritual aspects at the same time, at the last stage of Solo Training for disciplining your body.